ブックレット新潟大学

中国周縁の国際環境

真水 康樹

新潟日報事業社

第１講から第16講にかかるエリア地図

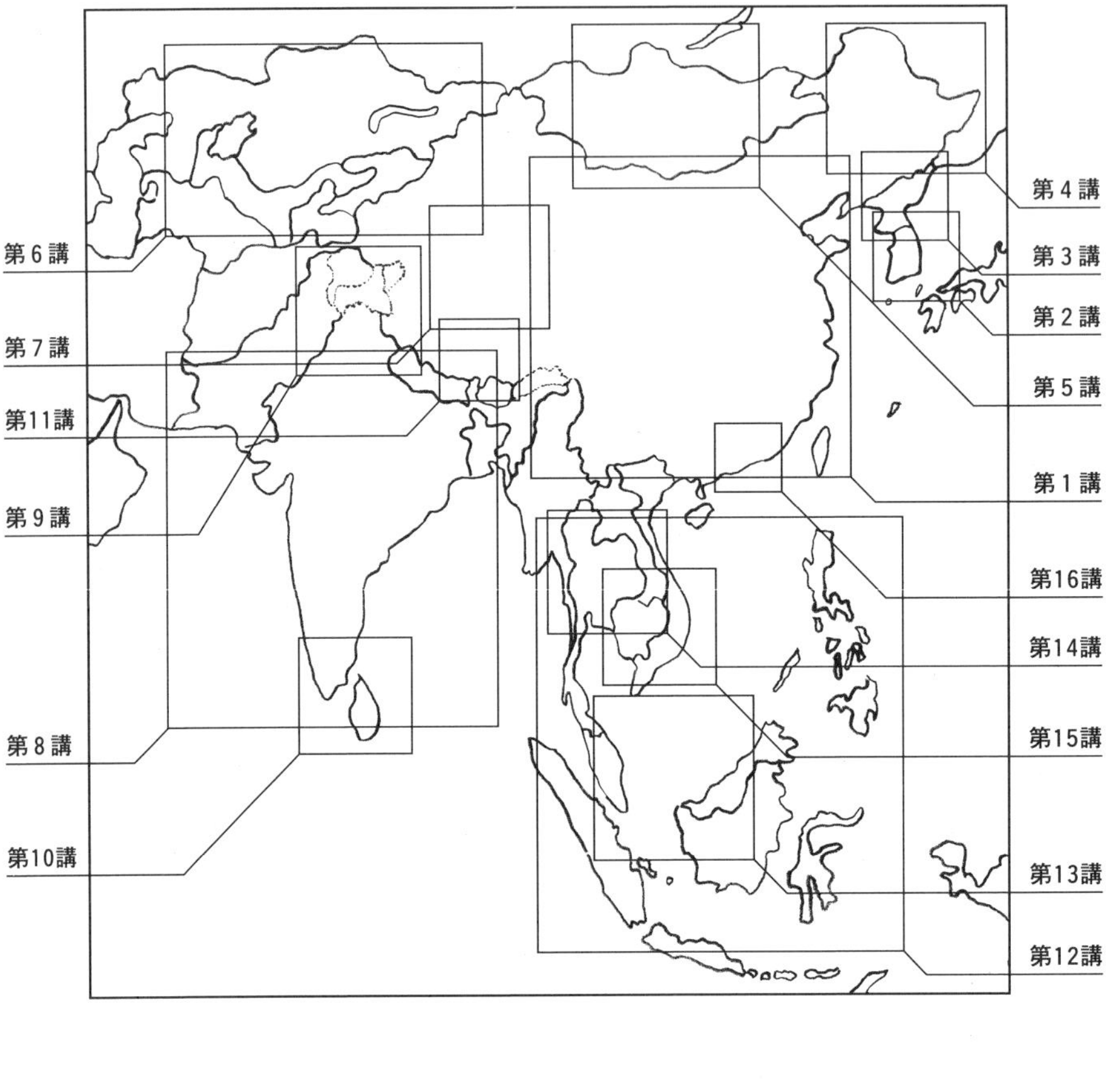

もくじ

はじめに

本書は中国をとりまく地域の政治統合について、その形成過程と特質を考察してみようとするものです。政治統合に関心を向けるので、考察は政治社会学的になりますし、比較が意識されることから比較政治学的でもあります。対象がアジア地域であることから、地域研究 Area Studies の要素ももつことになります。全一六講の内容をなす個々の地域の政治的なまとまりは、国家という形をとる場合もありますし、自治権をもった地方政府、分断された国家など多様です。それらは同時に、一国家に多民族の場合もあれば、国家をもてなかった民族、国境によって分断された民族などでありえます。本書はこれらさまざまな政治統合のあり方について考えるにあたって不可欠な視点、重要な歴史事象、基本的な数値や事柄を紹介するという狙いをもっています。一六講をとおして、主権の生成、国境認識の変化、言語政策、民族の分布、首都などの政治中心の変遷、政治的まとまりを強化するために創り出された政治象徴など、政治統合の基礎的な要素に言及しながら、中国を取り巻く地域を、中国・朝鮮半島から始まって、反時計回りに進んで、東南アジア・中国にもどるという順序で考察していきます。その際、通常はあまり関心がもたれない地域をより詳細に論じるために、比較的知られた中国については最小限の言及にとどめ、日本やロシアについては一講をたてず暗示的にのみ記述してあります。一六講に及ぶこの道行きを、同時にアジア地域のひとつの分類学として体験して頂けるなら、筆者の意図は十分に果たされたと言うべきかも知れません。

第一講　華夷秩序と中国

本書では中国を中心にして、その周縁地域を朝鮮半島から時計の針と逆回りに考察していきます。初回はその軸になる中国です。実は中国ほど、馴染みのあるようで、実際には正確な知識のもたれていない国も少ないのではないでしょうか。第二講以降との関係では、まずは、「漢字文化圏」と「華夷秩序」に触れたいと思います。朝鮮や日本も最初に歴史に登場するのは中国の史書のなかであることに思い至れば、古くから中国がこの地域の文化的中心に位置してきたことは明らかです。それを象徴するのが漢字文化圏と呼ばれる文化的一体性の存在で、それは特に大唐帝国の時代に漢籍をつうじて、多くの文化が周縁地域にもたらされたことによります。そのため、朝鮮語、日本語やヴェトナム語の漢字語のなかに、発音の類似性を見いだすのは困難なことではありません。それぞれの民族性は大いに異なっていますが、漢字、儒教、大乗仏教、律令制などによって東アジアと呼ばれる地域の文化的同質性を指摘することができるでしょう。

今日東アジアは国際法の律する国際関係のなかにありますが、欧米から国際法がもたらされる以前はどうだったのでしょう。それは無秩序だったわけではなく、そこには中国皇帝を中心とした国際秩序がありました。これを華夷秩序（華は文化、夷は野蛮）と呼びます。その根幹をなすのが冊封体制で、「冊封」とは皇帝が辺彊の支配者を自己の家臣として封ずることを意味します。例えば、足利義満は明の皇帝から日本国王として冊封されたことがあります。冊封を受けると、中国から王位の証明である印章を受け取り、中国王朝の年号の使用を義務づけられ、定期的に皇帝に対して朝貢を行うことになります。華夷秩序とは、このような中国皇帝と周縁地域の王との間の一種の安全保障・通商体制のことを意味しました。日本はこの秩序から相対的に独立していましたが、広い意味ではその秩序の影響下にあったと言うことができます。徳川将軍が朝鮮国王や琉球国王に対して定期的な遣使を求めたのは日本型の華夷秩序を目指したものと言えるでしょう。

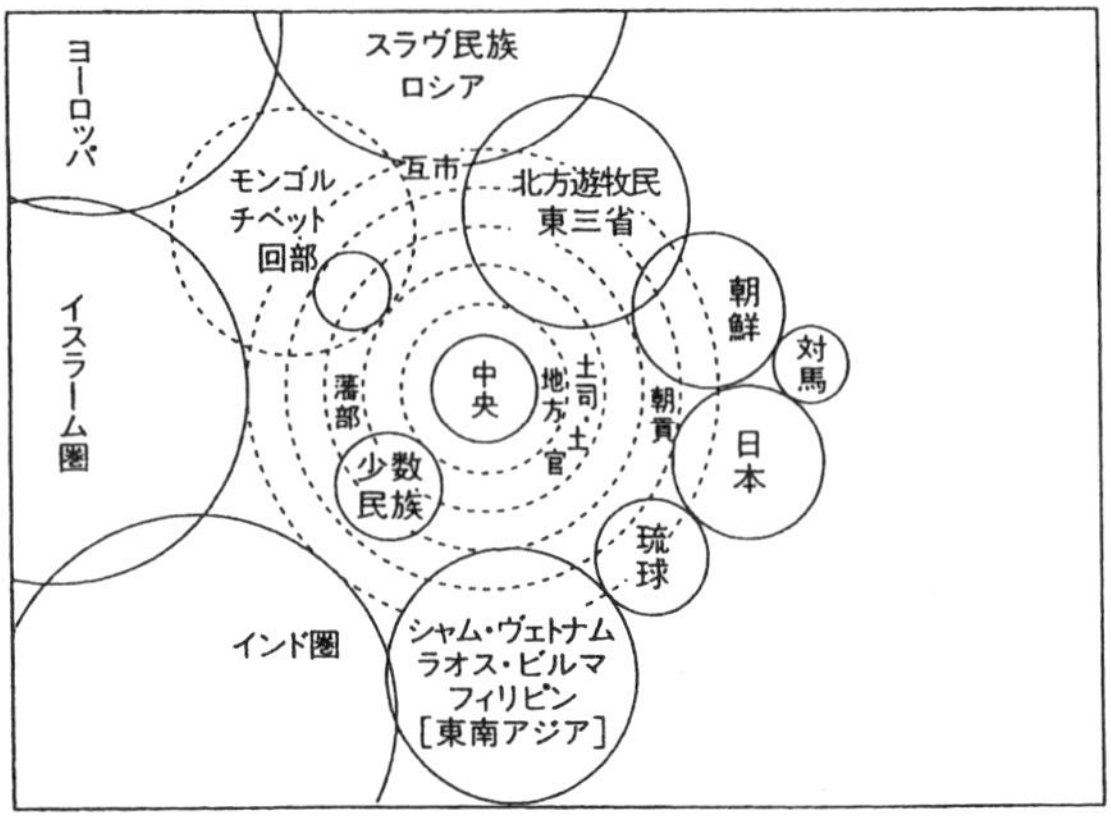

図１　政治空間よりみた中国と周辺関係
出典：濱下武志他著『地域史とは何か』山川出版社, 1997, p. 33より

中国最後の王朝である清朝の乾隆帝の時代に、中国の版図は史上最大になります。中国の今日の領土主張は、この領域を念頭に置いたものです。このように清末までは、中国は政治的・外交的にも、文化的にも東アジアの中心にありました。しかし、アヘン戦争以降の中国の近代史は外国に蹂躙された屈辱の歴史に変わります（香港はその象徴でした。第一六講を参照）。現代の中国外交を考えるときに、この精神的な負の遺産を無視することは

できません。日本を含む列強による領土割譲や租借地の拡大という形で、中国に対する植民地化が進んだと同時に、逆説的ですが、中国は国際法上の主体として国際法体制に組み込まれていきます。その一方で近代的な国境認識が形成され、伝統王朝は積極的な統合を必要とする国民国家へと変貌していきます。一八四二年の南京条約、そして、一八六一年の総理衙門（最初の外交機関）の設立が節目となります。その後の内政上の画期としては、一九一一年の辛亥革命（第五講・第七講のモンゴルやチベットとの関係でも大切です）、一九二七年の国民政府の成立が重要です。また、一九四六年の中華民国憲法の位置づけも欠かせない論点です。ところで、中国は植民地化はされましたが、主権を喪失したことがないことには注意が必要です。この点はインドとの大きな違いで、インドは英国から「独立」しますが、一九四九年の新中国の建国は「解放」と表現されます。

中国という国の統合の難しさを考えてみるには、言語の問題を採り上げるのが最適です。中国には公式には五六の民族がいます。私たちが普通中国人と認識している最大多数民族は、「漢族」で全人口の九割を占めます。つまり、残りの五五民族は全部あわせても、わずか一割足らずということで、漢族＝中国人と誤解される理由もここにあります。ですから中国語は五六種類あるというのが正確な表現で、そのうち九割の人々が話すのが「漢語」というわけです。本書では中国人というナショナリティ［Nationality］と、漢族というエスニシティ［Ethnicity］は、できるだけ区別して表現していくこととします（第五講を参照）。

漢語とそれ以外の五五民族（エスニシティ）の言葉は違う言語ですが、漢語にしても一〇億以上の人が話しているわけですから、一般に七大方言と呼ばれる違いがあります。北京官話と呼ばれる北方語と南方の広東語との違いは、英語とドイツ語以上と言われており、双方の意思疎通は困難です。共通漢語である「普通話」の普及によって距離は埋まりつつありますが、最大多数言語・漢語の多様性を採り上げてみても、中国の言語状況の複雑さは理解して頂けようと思います。また、五五少数民族と言っても、蒙古族や満洲族など、自分の王朝を築いたことのある民族とそうでない民族との間には意識の違いがあります。現在中国の陸上国境線は二二、八〇〇キロに及びます。陸上で国境を接している国は一四カ国、海上国境国は八カ国、重複部分を除くと隣国の数は二〇カ国になります。それゆえ中国の領土・国境問題は極めて複雑であると言えます。問題をさらに難しくしているのは、約二万三千キロの陸上国境のうち約一万九千キロが民族自治地域をとおっていることです。そして五五エスニシティのなかには、国境線をまたがって分布しているものもあり、さらに国境を隔てては同じエスニシティの独立国がある場合もあります。たとえば、モンゴル国やカザフスタン、タジキスタンなどがその例です。しかし、中国は総じて国境問題を上手に解決してきたと言えるでしょう。あるアメリカの研究者は、領土問題の交渉で、中国が解決のために譲歩したケースの方が多かったと指摘しています。ロシアとの国境は二〇〇四年にすべて画定されましたので、今日（二〇〇七年七月）、中国との間で国境問題が解決していないのは、インドとブータンだけとなっています（ブータンの外交権はインドが掌握しています。第一一講を参照）。

第二講　朝鮮王朝・大韓帝国・大韓民国

高麗に由来する英語の Korea は比較的中立なので助かりますが、漢字文化圏ではすこしややこしくなります。朝鮮語と呼ぶか韓国語と呼ぶかだけでも微妙な問題が生じます。日本の公共放送が「ハングル講座」としているのは苦肉の策でしょう。もっとも、そのせいで「ハングル語」という誤った表現が流通しているのは困ったことです。第二講と第三講のためにまず確認しておきたいのは、朝鮮は「朝が鮮やか」という美しい語源をもつ言葉だということです。「韓」もそれと同じくらい古い歴史をもつ言葉で唯一のとか最高のといった語感をもちます。大韓民国では、朝鮮半島と呼ばずに韓半島と呼びますが、そこに政治的配慮はあるにしても、「韓」が朝鮮に比べて浅薄で劣る言葉でないのは確かでしょう。飛鳥時代には高句麗の学僧によって仏教や五経が講じられましたし、江戸時代の朝鮮通信使には日本の儒者が教えを請うて集まったことからも分かるとおり、日本にとって朝鮮は長く文化の先生でした。ですが、その関係は近代になって大きく変化します。

日清・日露戦争は日本の近代化プロセスにおける重要な出来事ですが、名前は日清・日露なのに二度とも朝鮮半島が大きな争点であり、朝鮮半島は戦争の災禍にさらされました。まず日清戦争ですが、この戦争は朝鮮半島をめぐる日本と清国との戦争であったという側面をもちます。当時朝鮮は清朝の属邦でしたから、日本の朝鮮への関心は、清朝の目から見れば日本が琉球を自国領としたことに続く、華夷秩序に対する挑戦でした。そしてこの戦争の結果、一八九七年朝鮮は「大韓帝国」として独立を達成します。ソウルの西にはこれを記念して造られた独立門が今も建っています。この大韓帝国をめぐって日本とロシアの確執が始まります。日露戦争は結局この争いに軍事力で決着をつけたものと言っても過言ではありません。そして日露戦争の直後に、日本は大韓帝国に対する保護権を確立することになります。日露戦争に日本が勝利したことは、日本の朝鮮に対する発言権を決定的なものとし、一九一〇年八月、日本は韓国を併合します。この年から一九四五年までの三五年間を韓国では「日帝時代」と呼んでいます。

この時代の日本の歴史責任について、日本政府の立場は、はっきりしています。一九九八年一〇月八日、金大中大統領訪日の際に両国首脳が署名した日韓共同声明には、次のようにあります。「小渕総理大臣は、今世紀の日韓両国関係を回顧し、我が国が過去の一時期韓国国民に対し植民地支配により多大の損害と苦痛を与えたという歴史的事実を謙虚に受けとめ、これに対し、痛切な反省と心からのお詫びを述べた」。なお、植民地支配に限らず、アジア地域に対するかつての侵略戦争について、日本は一九九五年八月一五日に村山富市首相が、「戦後五〇年談話」のなかで、次のように述べています。「わが国は、遠くない過去の一時期、国策を誤り、戦争への道を歩んで国民を存亡の危機に陥れ、植民地支配と侵略によって、多くの国々、とりわけアジア諸国の人々に対して多大の損害と苦痛を与えました。私は、未来に過ち無からしめんとするが故に、疑うべくもないこの歴史の事実を謙虚に受け止め、ここにあらためて痛切な反省の意を表し、心からのお詫びの気持ちを表明いたします」。首相談話は市井の談話ではなく、閣議において全会一致で決定される政府の公式見解です。したがって、日本が戦争責任を謝罪したことがない、というのは間違いですが、こうした明確な謝罪をしているにもかかわらず、なぜなお批判の声が日本に向けられるのかは重要な問題です。日本で高位の公職にある人々から繰り返される妄言が、村山元首相や小渕元首相（故人）の誠実な言葉を口先のだけのものに見せていることをまずは考えてみる必要があります。

日本の敗戦後、朝鮮半島は米国とソ連によって北緯三八度線を境に分割占領されます。一九四五年一二月に米英ソ三国はモスクワ協定によって五年間の信託統治を決定しますが、冷戦の激化にともなって韓国は一九四八年八月、北朝鮮は同九月にそれぞれ建国がなされ、朝鮮半島は南北に分断されることになります。これに続いた朝鮮戦争（一九五〇―五三）が、両国間の亀裂をいっそう深いものにし、分断をさらに固定化することになりました（朝鮮戦争については第三講を参照）。

韓国では第三共和国（一九六二―七二）の朴正熙大統領の時代の一九六五年六月に、日韓基本条約が締結され両国間の正常な外交関係が開始されます。日韓の交渉は一九五二年二月以来何度も繰り返されましたが、植民地支配の正当性を譲らない日本側の固い姿勢を主な原因として幾度も中断されました。朴正熙時代に至って妥結できた背景には朴政権の積極姿勢と、ヴェトナム情勢の悪化にともなう米国の日韓両国に対する圧力があったと言えます。ところで一九七二年の日中共同声明の前文が戦争の損害に対する責任と反省に触れているのとは対照的に、日韓基本条約には植民地の文言は出てきません。また、第二条には「千九百十年八月二十二日以前に大日本帝国と大韓帝国との間で締結されたすべての条約及び協定は、もはや無効であることが確認される」とありますが、文中の「もはや」がどの時点を意味するかなど、曖昧なまま残された（曖昧にせずには妥結できなかった）問題点もあります。もっとも、付属協定で、請求権問題の最終的な解決を確認するなど、日韓基本条約はすでに、隣国であり友好国である韓国と日本の関係を規律する最も重要な外交文書として機能していると言えます。安全保障・外交上も、ＯＥＣＤ加盟国である点でも、日本にとって韓国とのパートナーシップの重要性は計り知れません。実際上は無人島であるような島嶼や海の名称を摩擦の種にしないような知恵と冷静さこそ双方に最も求められるものでしょう。

独立後の韓国の政治体制は、李承晩の第一共和国（一九四八—六〇）から、今日の第六共和国（一九八七—）に至るまで、議院内閣制（と象徴大統領制）を採用した第二共和国（一九六〇—六一）を除いて、フランス型の半大統領制が採られてきました。首相のいる大統領制であり、同じ一九八七年が民主化の転換点となったこととあわせて、台湾の制度との比較研究には意味が多いと思われます。なお、一九七二年「一〇月維新」以降の朴正熙政権を第四共和国（一九七二—八〇）、それに続く全斗煥政権を第五共和国（一九八〇—八七）と呼びます。一九六一年の「五・一六クーデタ」から数えて一八年に及んだ朴正熙政権の評価は現代韓国政治にとって避けて通れない課題であると言えます。当初からクーデタという非合法なやり方で成立した政権であるという問題点が明らかである一方、韓国の近代化と経済発展にとって欠かせない役割を果たした点もまた見過ごせないからです。ただその際、民主的な内容を制度的には保持した第三共和国と、そうした回路を喪失した第四共和国とは区別して考える必要があります。

第三講　北朝鮮の自主路線

朝鮮半島の分断については、前講で触れましたので、ここではまず分断を決定的なものにした朝鮮戦争について、中国の関与がどの程度だったのかを紹介します。朝鮮戦争は一九五〇年六月から五三年七月まで約三年続きますが、激しい戦闘が行われたのは事実上は最初の一年間だけでした。六月二五日に始まる北朝鮮軍の一方的侵攻に対して、米軍を中心とした国連軍が九月一五日に仁川上陸作戦を行うと戦況は激変します。これに対して一〇月一九日に中国の人民志願軍が介入したことによって状況は再び一変します。中国が参戦したことから、この戦争はソ中朝三国の緊密な連携（したがって陰謀）によって生じた印象を与えていましたが、今日では北朝鮮の侵攻計画に中国が強く反対したことが知られています。そして開戦の決定は中国抜きで行われたものの、戦況が悪化した結果、スターリンの懇請と圧力を受けて中国は参戦せざるをえなくなります。中国共産党政治局では反対論が大勢でしたが、参戦にあたっては毛沢東の決断が決定的でした。国連軍が三八度線を越えれば座視しないとした中国の警告を米軍は無視したわけですが、それを放置すれば中国の外交的威信にかかわると毛沢東は主張したのです。朝鮮戦争への関与は中国にとって大きな負担でしたが、ヴェトナム戦争の際に、米地上軍が一七度線を北へ越えることに釘を刺すにあたり、強い効果をもったとされています（この問題については牛軍『冷戦期中国外交の政策決定』〔千倉書房より近刊〕が詳論していますう。もちろん、金日成政権の存続は中国の安全保障上極めて重要な問題でした。

北朝鮮について「不気味」とか「嫌い」とか非理性的な表現が使われることがあります。しかし無法国家と言われようと、そこに何の法も規範も秩序もないわけではありません。むしろマイナス・イメージがあるからこそ、その国の仕組みと制度、そしてその矛盾に目を向け理解する試みが必要でしょう。相手が安全保障上の現実の脅威であるならなおさらです。嫌いだという理由で視界からシャットアウトして判断停止するのは子供の思考でしかありません。例えば、一九七六年八月に板門店で起きた米兵殺害事件（ポプラの木事件）は北朝鮮の残酷さを表す事例として採り上げられますが、この年の六月に米韓軍によって最初の米韓合同軍事演習チームスピリットが行われ、北朝鮮中がヒステリー状態にあったことを抜きにこの事件を持ち出すのは一面的なように思われます。

北朝鮮の憲法は、一九四八年と一九七二年にそれぞれ制定され、その後、一九九二年と一九九八年に大幅な改正が行われています。最初の憲法では金日成は首相にすぎず首都もソウルとされていました。それが一九七二年になると首都はピョンヤンとされ、金日成は軍事指揮権の最高責任者である国防委員長を兼ねた国家主席となります。一九九二年の改正は国家主席と国防委員長を切り離します。そして、翌一九九三年には金正日が国防委員長に就任しますので、この改正は後継体制整備の一環であったと見ることができます。金日成が一九九四年に急死した後、一九九八年の改正では国家主席のポストが廃止されますから、結果的に国防委員長である金正日が国政の最高ポストに就いたことになります。もっとも、人民代表制度を国家機構の中心に据える社会主義国の憲法体制からすれば、最高人民会議議長が国家元首にあたると解釈するのが自然でしょう。

現実の権力政治に目を向けると、一九四八年に朝鮮民主主義人民共和国が樹立されたとき、その権力闘争の舞台には四つのグループがいました。それは南朝鮮労働党グループ、ソ連帰りのモスクワ派、中国帰りの延安派、そして金日成らの極東ソ連軍パルチザングループです。北朝鮮はソ連の強い影響下で建国されますが、金日成たちのグループが一番有利な立場にいたことは間違いありません。また、組織の結束力も突出していました。金日成たちは一九五三年にはまず南朝鮮労働党グループに朝鮮戦争の責任を負わせて粛清します。そして、一九五八年の第一次党代表者会議で、モスクワ派と延安派の粛清に成功します。実権を掌握した金日成グループは一九六五年には主体（チュチェ）思想を提示し、それは一九六七年に北朝鮮の唯一思想体系となっていきます。また、一九六六年頃から「首領」は金日成一人をさすようになったとされています。こうして一九六七年前後には金日成の指導権は揺るがないものになっていたと考えられますが、それは一九七二年憲法で定められた国家主席に金日成が就任することで制度的に完成されます。この憲法ではまた主体思想が明文化されています。主体思想の公式イデオロギー化は後継者である金正日にとっても実は重要な意味をもちました。一九六一年の第四回労働党大会の際にはマルクス・レーニン主義が唱えられていたのですが、一九七〇年の第五回労働党大会ではマルクス・レーニン主義と主体思想となり、一九七三年になると労働党はマルクス・レーニン主義を批判する立場に立ちます。そして、一九八〇年の第六回労働党大会ではついにマルクス・レーニン主義は姿を消し、金日成革命思想と主体思想が全面に押し出されます。こうして党のイデオロギーは金日成の独自思想で固められることになりました。これは言わばイデオロギーの解釈権を党中央、すなわち、金正日が独占したことを意味します。親子二代にわたる権力の確立と継承のプロセスはこのよう整理することができます（北朝鮮政治についてここで言及した一連の解釈は主に、鐸木昌之『北朝鮮』〔東京大学出版会、一九九二〕によります）。

北朝鮮外交は一九六八年以来、中ソ等距離の政策を採ってきましたが、冷戦の終結や中国の改革開放の進展、韓国の「北方外交」、さらにはソ連の解体によって極めて不利な状況に置かれることになります。特に社会主義国家間の友好価格で提供されていたエネルギーが市場価格で提供されるようになったことは決定的でした。また東欧社会主義圏の雪崩を打ったような崩壊は、北朝鮮が体制存続の保証を求める要求を高めさせていきます。それまで韓国の国連への単独加盟案に反対し、単一国号での加盟を主張してきた北朝鮮が、一九九一年五月に国連加盟声明に踏み切り、その後、核開発を梃子に瀬戸際外交を展開するようになった背景には、こうした国際環境の激変がありました（前講と含めてドン・オーバードーファー『二つのコリア〔特別最新版〕』〔共同通信社、二〇〇二〕は細部に踏み込んだ労作として参考になります）。なお、二〇〇〇年六月の金大中大統領訪朝による南北首脳会談の実現は、韓国・北朝鮮間に直接の意思疎通回路をもたせることになりました。北朝鮮が米朝と南北という二つの回路を競わせることで優位に立とうとしている面はありますが、チャンネルの多角化は米国の一元的な意思によって恣意的に情勢が展開することを相対化する役割を果たしていると言えます。

第四講　「満洲国」と東北アジア世界

第四講は本書において唯一過去に属する事柄です。歴史上にたった一三年五カ月しか存在しなかった満洲国は、もちろん、今日現実の存在ではありません。この幻の帝国に触れる理由は、少なくとも四つあります。第一に東北アジア地域を地理的・政治的観点から考える際に重要な事例をなすこと（第二講・第五講も参照）。第二に大日本帝国時代の日本外交と日本政治を考える上で欠かせない対象であること（本講で主に言及します）。第三に植民地支配について考察するにあたって重要な素材であること（筆者は英国のインド統治と対比することが有意義だと考えています。第八講を参照）。第四に当然のことですが日中関係を考えるときに欠かすことのできない対象であることです。

図2に明らかなとおり、満洲国の建国は、ある意味では琉球処分以来の日本の領域画定と領土拡張の延長線上で考えることもできます（ただ領土画定には千島列島のように平和的な領土交渉の結果であるものも含まれており、一律に領土的野心の拡大として理解するのは一面的でしょう）が、満洲国は形式的にはあくまで独立国家の体裁を採りました。日本のこの地域への利害関係はポーツマス講和条約の結果、南満洲鉄道と関東州租借地を獲得したことに端を発します。やがて一九〇七年になると後の関東軍に成長する満洲独立守備隊が置かれるに至り軍事的関与の種がまかれます。

満洲国の建国は一九三二年三月一日に宣言されますが、その起点は一九三一年九月一八日の満洲

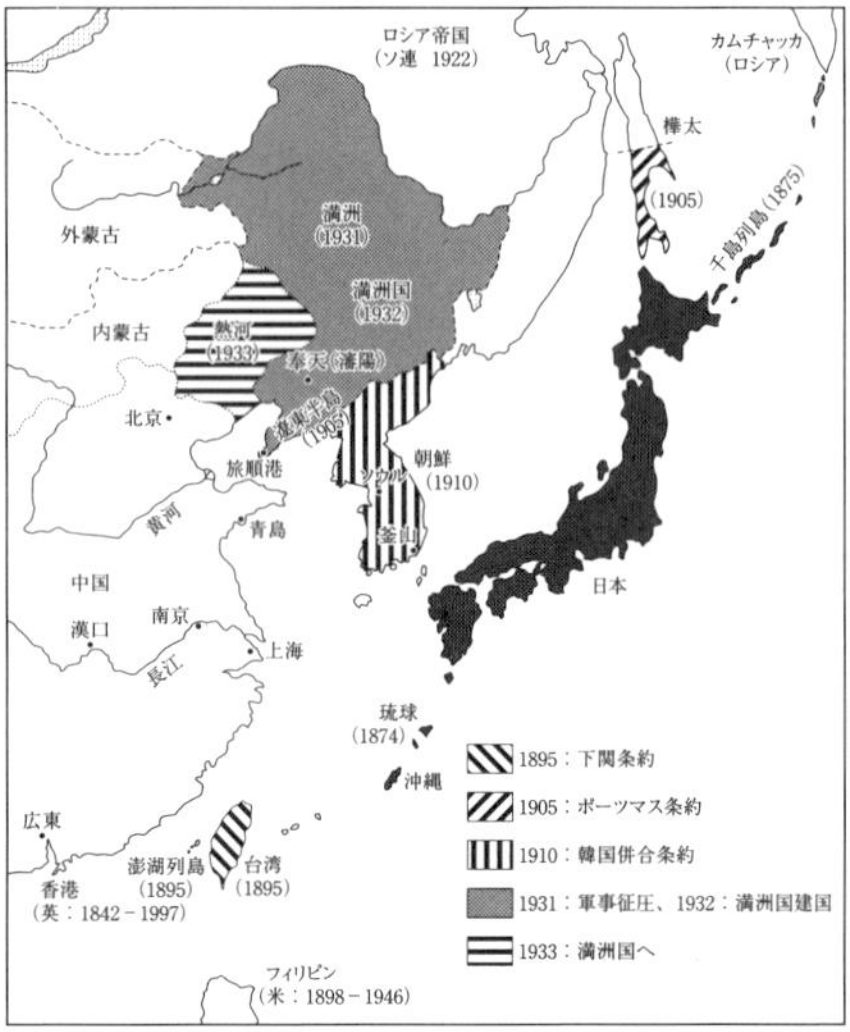

図２　大日本帝国の拡大
出典：J. K. Fairbank et al., *East Asia*, 1989, p. 693より筆者作成

事変（柳条湖事変）にあります。関東軍の謀略に対して、当時の若槻内閣外相幣原喜重郎は不拡大の方針を採ります。九月二四日の政府声明はこの方針を対外的に示したものでしたが、奉天占領、朝鮮軍越境、錦州爆撃など、既成事実を次々と積み上げていく関東軍に対して、結局若槻内閣は一一月一八日に軍隊増派を決定し事変の追認に追い込まれることになります。これを日本外交史の観点から見れば、一九二四年以来（一九二七―一九二九の田中内閣の期間を除いて）継続してきたいわゆる幣原外交の終焉と見ることができます。それは一九二〇年代の国際協調外交の破綻をも意味しました。韓国保護国化に際して日本は事前に英米露の了解を取り付けましたし、韓国併合にあたっても列強間での合意作りに多分に配慮しました。帝国主義的領土拡張と言ってしまえばそれまでですが、たとえ強者間の取引であるにせよ満洲事変以前には少なくとも列強間での事前の合意形成が計られたのに対して、満洲事変は明らかに一方的な行動であり、しかも政府の主体的な意思決定によるのではないという点で、時代の変化を示すものです。戦前の日本の対外行動はすべて独善的な軍国主義だったと見るのは少々一面

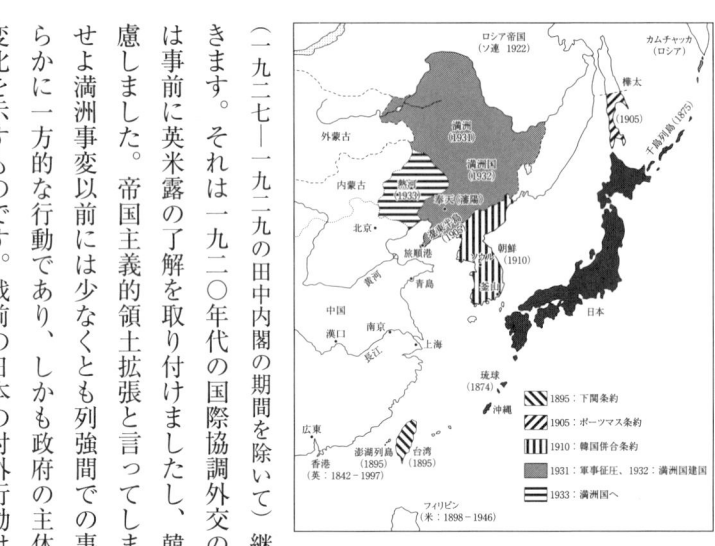

的で、三〇年代とそれ以前との大きな違いには留意するべきでしょう。軍の対外行動はこうして政府から自立性をもつようになり、政府はやがてそれをコントロールできなくなっていきます。日本政府が満洲国を承認するのは、一九三二年九月一五日のことで、建国宣言から半年のタイムラグがあります。これは一九三一年一二月に若槻内閣の後を受けて組閣した犬養毅首相が満州国建国に反対していたためで、犬養は中国と和平交渉を図り、撤兵を実現させようと考えていました。しかしその犬養首相も五・一五事件に倒れることになります。こうして、日本は内政的にも外交的にも、一九三一年から三二年にかけて、大きな曲がり角に立つことになりました。満洲事変はその転換点に位置しています。

満洲事変に対して、米国政府は一九三二年一月七日、当時の国務長官が不承認原則を表明します。「スチムソン・ドクトリン」と呼ばれるものがそれで、日露戦争の終結以来少しずつ拡大していた中国東北地域をめぐる日本と米国との確執は、いっそう大きなものになっていきます。また、一九三二年四月二〇日には国際連盟のリットン調査団が満洲国の首都新京（長春）に到着します。翌年の日本の連盟脱退につながる報告書を提出する調査団ですが、もともとは日本の要請で派遣に至ったものです。この要請は幣原外交の最後の試みだったわけですが、結局事変の拡大を押さえる効果はもちませんでした。満洲事変によって、日本は米国との関係を悪化させ、連盟からの脱退によって国際的に孤立を深めていったことは言うまでもありません。

ところで、満洲事変は明らかに軍律を無視して開始され、その後も政府と軍中央の不拡大方針にさからって継続されたもので、軍令違反の繰り返しであったことは明らかです。当面は現状が追認されたとしても、事態が収束すれば、責任者は処罰されるべきだったはずです。ところが、事変の首謀者は処罰されるどころか昇進さえし、天皇は一九三二年一月八日、関東軍を讃える勅語を出しさえしました。このことが、軍の風紀紊乱に著しく影響したことは確かです。中国駐在の軍の幕僚たちの間には、たとえ軍規違反を犯しても結果さえ良ければ処罰されないばかりか昇進さえできるという認識が広まっていきました。一九三七年の蘆溝橋事件以後の日本軍の行動にその現れを見いだすことは極めて容易です。こうして帝国陸軍は、政府はおろか、軍中央のコントロールさえ及ばない組織になっていくのです。その意味では、無謀な太平洋戦争に至る道も、この事変に淵源があるように思われます。

満洲国は、建国二年後の一九三四年三月に帝国となります。皇帝のもとには国務院会議がおかれ大臣にあたる各省の部長は中国人でしたが、次官ポストはすべて日本人が占めていました。そして実際の政策決定は次官会議で行われていました。また、政策中枢である総務庁では、その職員の八〇%が日本人だったとされます。五族協和、「王道楽土」を掲げた満洲国の現実はこのようなものでした。また、満洲国には日本の特命全権大使が置かれますが、それは関東軍司令官の兼任ポストでした。このことは満洲国との外交関係が実質的には外務省を離れ、陸軍参謀本部の影響下にあったことを意味します（本講については特に山室信一『キメラ：満洲国の肖像〔増補版〕』〔中公新書、二〇〇四〕、また井上寿一『日本外交史講義』〔岩波書店、二〇〇三〕を参考にしています）。

第五講　モンゴル人とエスニシティ

世界のモンゴル人の人口は八〇〇万人程度とされています。しかし、モンゴル国の人口は二六〇万人程度でしかありません（ちなみに新潟県の人口は現在約二四〇万人です）。そのほかは中国の内蒙古自治区、ロシア連邦のブリヤート共和国等に居住しています。なかでも内蒙古のモンゴル［蒙古］族人口は約四〇〇万人で、モンゴル国の人口より多いことになります。

日本語で「民族」と言うと、モンゴル国のモンゴル人と、中国やロシアのモンゴル人の区別がつかなくなります。民族という日本語にはナショナリティとエスニシティの二つの意味があります。前者は法的な意味合いをもち、ここでは国籍と理解しても良いでしょう。後者は文化的な意味合いをもちます。つまり、中国のモンゴル族は国籍は中国人、エスニシティはモンゴル人ということになります。モンゴル国民にとってモンゴルとはまずは国籍のことでしょう。モンゴル人の宗教は、伝統的にはチベット仏教です。その歴史はフビライの時代にチベットからパスパを招いた頃にまでさかのぼります（第七講参照）。モンゴル国の首都ウランバートルにも、内蒙古自治区の首府フフホトにもチベット仏教寺院は数多くあります。また、モンゴル人のゲル（中国語ではパオ）には必ずと言って良いほどチベット式の仏壇があります。

今日のモンゴル国にあたる領域をかつては外蒙古と呼んでいました。この外モンゴル［外蒙古］

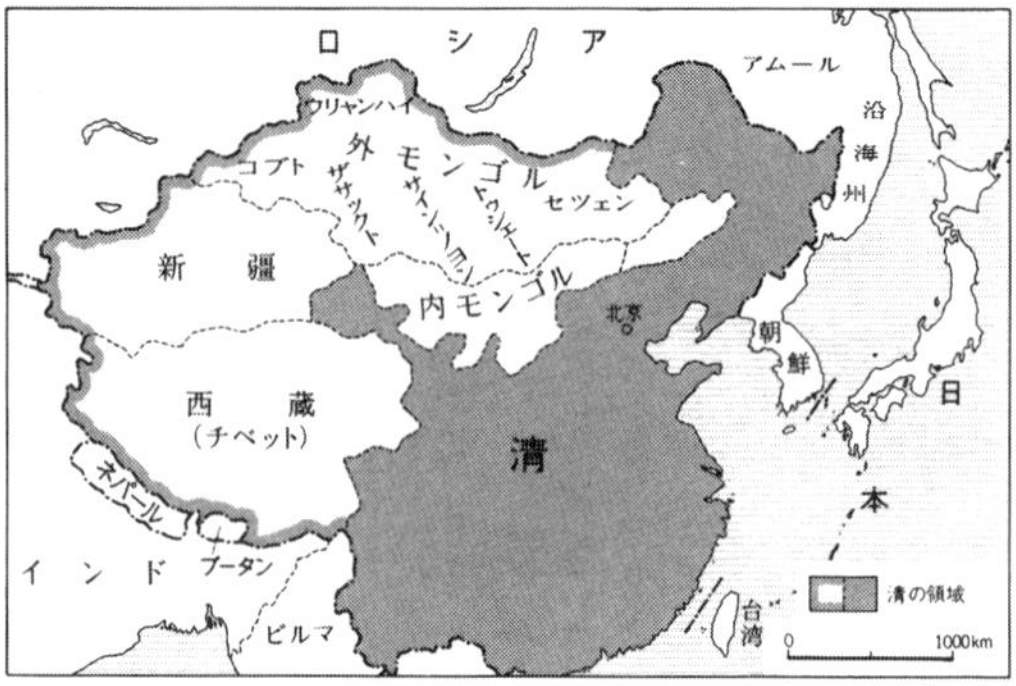

図３　19世紀末の東アジア
出典：小貫雅男著『モンゴル現代史』山川出版社，1993，p. 24

と内モンゴル〔内蒙古〕の区別はどのようにして生じたのでしょうか。英語でも Outer Mongolia と Inner Mongolia と言いますが、地理的な領域区分に内・外の人為的な区別がついているのは珍しい事例だと言えます。清朝は一六四四年に成立しますが、モンゴル族はその軍事力の一翼を担っていました。満洲族は一六三四年に内モンゴルを占領しています。つまり、内モンゴルは清朝成立以前から満洲族に服属していたのに対し、外モンゴルの服属は清朝成立後の一六九一年になります。これが内外モンゴルの区別の出発点であると言えます。内外モンゴルは、清代をとおして、それぞれ相対的に区別された地域として存在していました。

一九一一年一〇月一〇日の辛亥革命は、各省が清朝に対して独立を宣言するという特殊な形態を採った革命でした。この出来事は、特に辺疆地域の激震となって現れます。外モンゴルの僧侶や貴族たちは一一月、臨時政府を樹立し、一二月一日には独立宣言を発します。この政府の君主として外モンゴルのチベット仏教指導者だったジェブツンダンバ・ホトクト八世がボグド・ハーンとして即位します。この背後にはロシアの支援もありますが、モンゴル人の意志も見逃せません。モンゴルを中国の一部と考える中華民国政府は当然、外モンゴルを自己の影響下にとどめようとします。この鍔迫り合いは、結局、ロシア革命の勃発で中国に有利に運び、中国はモンゴルに対する宗主権を維持します。ところが、帝政ロシアを倒したソヴィエト政権も同じように外モンゴルに関与し、一九二一年七月、主に赤軍の支援によって庫倫（クーロン：今日のウランバートル）で人民革命政府が成立します。この政権はモスクワの支援で成立したとは言っても、旧勢力との連合政権であり、ボグド・ハーンが国家元首に就任した点にその性格が現れています。一一月には、モンゴル・ソヴィエト友好条約が結ばれ、双方は政府承認を行います。モスクワの影響力が強まっていく一方で、一九二二年から一九二四年にかけ、スフバートルを初めとした革命の英雄たちは謎めいた形で姿を消していきました。一九二四年五月にボグド・ハーンが亡くなると一一月には憲法が制定され、モンゴル人民共和国が成立します。モンゴルではこの年が独立の年とされ、世界で二番目の社会主義国になったとされます（独立がなぜ外モンゴルだけにとどまったかは辛亥革命当時の外交と内政の両面から考える必要があります）。他方でモスクワは一九二四年五月に中国と結んだ大綱協定では、その第五条で中国の外モンゴルに対する主権を認めています。この時点でソ連がダブル・スタンダードで行動していたことは明らかですが、中国政府は弱体化し事実上主権を行使できない状態にありました。

一九三〇年代になると、日本の進出と満洲国建国もあり、一九三六年三月に相互援助議定書が調印されてソ連軍が駐留するようになり、モンゴルはいっそうソ連の衛星国化していきます。一九二四年協定によればこれは中国の主権の侵害にあたるので中国は抗議しますが、一九三七年に日中戦争が始まると軍事上の理由からソ連軍の存在を黙認せざるをえなくなります。このソ連軍が一九三九年のノモンハン事件（ハルハ川戦争）で関東軍に壊滅的な打撃を与えることになります。モンゴルが外国の侵略を受けたのは歴史上この一度だけです（なお、モンゴルでは一九二〇年代後半から三〇年代には、宗教弾圧や私有財産没収・放牧民の定住化促進などに対する反乱が生じたことに加え、一九三七年にチョイバルサンが首相になると、一九三九年から一九四〇年にかけて、現職閣僚、党指導者、内務省幹部など一〇名以上が粛清されています）。モンゴルの地位を最終的に決めたのは、一九四五年八月一四日付で締結された中ソ友好条約です。この条約にもとづいて、同年一〇月にモンゴルで行われた国民投票を受け、翌年一月、中華民国政府はモンゴルの独立を承認しました。

ソ連とモンゴルの間では、一九四六年二月に友好相互援助条約が結ばれます。中華人民共和国は一九四九年一〇月六日にモンゴルを承認していますが、毛沢東は返還を希望していたとも言われています。中国の強力な影響下にあった内モンゴルでは、一九四七年五月にウランフを主席として、内蒙古自治政府が成立しています。中蒙間の相互援助条約は一九六〇年五月に結ばれます。台湾の中華民国政府は一九五三年三月に中ソ友好条約を破棄し、モンゴル独立の承認を取り消しました。

モンゴル人民共和国は一九六〇年七月に新憲法を採択し社会主義国宣言をし、一九六一年に国連加盟を認められています。その後は、一九八九年から九〇年にかけての民主化デモで、人民革命党が一党独裁を放棄、一九九二年一月の憲法では国名を現在のモンゴル国に変更し、マルクス主義との決別が宣言されました。今日、チンギス・ハーンが復権し、政治象徴として多用されています。

第六講　中央アジアと新疆

中央アジア世界を文化的に特徴づけるのは、口語としてのチャガタイ・トルコ語、文語としてのペルシャ語、そして、イスラム教であるとされます。この地域はかつて、チャガタイ・ウルス（チンギスの第二子チャガタイによるモンゴル帝国の後継諸国のひとつ）のあった地域でもありました。トルキスタンの名称は現在の中央アジア五カ国を支配した帝政ロシアのトルキスタン総督府を強くイメージさせますが、中央アジア（トルキスタン西部）から、中国の新疆（トルキスタン東部）、さらに、アフガニスタンまで、同質の文化圏が広がっていると言えます。トルキスタンとは、ペルシャ語で「トルコ人の土地」を意味しますが、一〇世紀半ばにモンゴル地域からトルコ系のウイグル族が移住したことにより、この地域のトルコ化が進行したとされます。また、イスラム化はイラン系のサーマーン朝の影響を受けて始まり、九世紀から一四世紀にかけてカラハン朝を経由して、東トルキスタンに及んだとされます。そして、チャガタイの後、ティムール朝（一三七〇—一五〇七）の時代に、上述の諸要素はさらに混ざり合い融合されていったと考えられます。食べ物や生活習慣にとどまらないこの地域の類似性は、こうして形作られていきました。今日この地域が注目を集めているのは、豊富な石油・天然ガス資源をめぐるグレート・ゲームの舞台であることが背景にあります。

中国の新疆支配の歴史は古く、一七五七年に清朝の乾隆帝が、準噶爾《ジュンガル》王国を滅亡させて（ジュン

図4　民族的境界画定後の中央アジア
出典：小松久男他著『地域のイメージ』
山川出版社, 1997, p. 388

ガル平定）以来、恵遠城に伊犁《イリ》将軍が置かれ、この地域を支配してきました。他方、ロシアは、一八六七年、タシケントにトルキスタン総督府を設置し、六行政区二保護国を管轄します。これに先だつ一八六〇年代初めに新疆で反乱が生じ、ヤークーブ・ベク政権がカシュガルに成立します。英国は植民地インド防衛のために、チベットやアフガニスタンを緩衝地帯とする野心をもっていましたが、ベク政権がその英国とも連携したことで、事態は清（中）・露・英の間で複雑化していきます。清露間ではロシアがイリを占領しますが、一八八一年のイリ（ペテルスブルグ）条約で、清が大きな代償を払う形で領土問題は解決されます。英露間の係争は、一九〇七年八月のペルシャ・アフガニスタン・チベットに関する英露協商で勢力範囲が画定され沈静化していったと言えるでしょう。

ロシア支配地域には、ロシア革命後、自治共和国を名乗るさまざまな地方政権ができます。それらは一九二四年一月のソ連憲法採択時の「民族的境界画定」によって整理されます。その後も、一九三六年まで境界線の線引きや、管轄関係の変化などの調整は行われますが、現在の中央アジア五カ国の原型はほぼこの時代にできあがったと言うことができます。ソ連の支配下では、遊牧民であるカザフ族の定住化などの失政がなかったわけではありません。しかし、ソ連邦の各共和国では基本的には民族エリートによる長期支配が実現し、中央との関係も良好だったと言えます。

中国とソ連との関係では、新中国成立時に、中国がモンゴル独立を認める代わりに、新疆でソ連が影響力を放棄するという取引がなされました。もっとも、新疆解放の頃から、ソ連の駐新疆領事館は現地の人々にパスポートを発行するという二重国籍政策を一九六〇年代まで続け、この地域への影響力を温存していました。一九六二年にはイリで六万人がソ連に越境逃亡するという事件が起こりましたが、この出来事はソ連とこの地域とのつながりの深さを物語るものです。

旧ソ連には、共和国一五、自治共和国二〇、自治州八がありましたが、ソ連末期、一九九〇年六月から一九九一年八月まで、中央と連邦構成一五共和国との関係は連邦存続問題の展開軸となりました。一九九一年三月の国民投票では、なお九カ国が連邦維持を唱えており、中央アジアでは九〇%以上という極めて高い率で連邦存続が支持されていました。中央アジア諸国が独立に向けて方針転換するのは、一九九一年八月のソ連の保守派クーデタ失敗以降のことです。

中央アジア五カ国はすべてLand Locked Country、すなわち陸封国です。つまり、外国をとおらなければ海への出口がない国々です。さらに、Double Land Locked Countryという概念がありますが、これは二カ国以上を経由しなければ海にたどり着けない国のことで、世界でウズベキスタンだけが該当します。ソ連邦解体は中央アジア諸国の地理的・政治的環境も大きく変化させました。

ソ連邦の解体と、中央アジア諸国の独立は、中ソ間の国境交渉に大きな影響を与えることになりました。中ソ間の西部国境については、一九八〇年代から交渉が開始されていましたが、ソ連の解体は中国から見ると、交渉相手がソ連一カ国から、ロシア、カザフスタン、クルグズスタン（キルギス共和国）、タジキスタンの四カ国に増えたことを意味しました。中国は一九九二年一月に中央アジア五カ国と相次いで国交を樹立し、一九九二年五月からは中ロ＋三カ国で国境交渉が始まりました。この五カ国交渉は一九九六年四月、上海での国境地域信頼醸成協定の調印という成果を生み出すことになりました。上海ファイブという名称が普及するのはこれ以後のことです（岩下明裕「上海プロセスの軌跡と展望」『ロシア研究』三四号、二〇〇二）。上海ファイブは、この後、毎年一度首脳会談を行うようになり、二〇〇一年からはウズベキスタンが常任メンバーとなり、常設組織である上海協力機構に格上げになります。この組織は当面、反テロを軸に結束していますが、二〇〇五年七月には中央アジアからの将来の米軍の撤退を求め、二〇〇六年六月にはパキスタン、イランをオブザーバー、アフガニスタンをゲストとして招くなど、独自色を強めつつあります。

新疆では東トルキスタン独立運動が根強く続いており政治的には不安定化しています。もっとも筆者は二〇〇四年夏に新疆の西南のはずれ、パミール高原中国側のタシクルガンに至ったときのことが忘れられません。前方に七千メートル級の山々があり、その向こうは北からタジキスタン、アフガニスタン、パキスタン。そこは四カ国国境でした。タジキスタンはつい最近まで硝煙の絶えなかった場所であり、アフガニスタンは依然内戦状態、パキスタンは部族地域までわずかの場所です。山を一つ、つまり国境を越えれば、そこは紛争地域なのに、中国側のあののどかさはどうしたことでしょうか。国家が治安を維持できる能力をもてることの意味を深く考えさせられる体験でした。

第七講　チベット仏教圏

本講の内容は第一一講とも密接な関連をもちます。第五講の図3にもあるとおり、チベットは広大な領域を有し、しかも平均海抜は四千㍍以上になります。インドと境界を接するその南端部分はヒマラヤ山脈です。この地域にはチベット仏教の影響を受けたブータン、シッキム、ネパール、ラダックなどの小王国が点在し、ヒマラヤン・リージョンと呼ばれる地域を形成してきました。

チベットを考えるに際して、まず文化圏としてのチベットと、中国の行政区としての西蔵自治区には違いがあることに触れる必要があります。亡命政権はアムド（青海省）やカム（旧西康省）もあわせた大チベットを主張します。そしてこの領域が伝統的な意味でのチベットであったと言えるでしょう。現在の西蔵自治区はこれよりかなり狭い範囲となっています。チベットの歴史は七世紀から九世紀に存在した吐蕃《とばん》王国にさかのぼります。ソンツェンガンポ王は、チベットを統一し、チベット文字、法令、仏教を広めたことで知られ、彼の像はお寺では仏像と同じ待遇を受けて神聖視されています。モンゴルとの関係は重要で、フビライの時代にはパスパがモンゴルに招かれ国師の任に就いています。ダライ・ラマの称号もダライはモンゴル語で「大海」の意味であり、一五七八年にアルタン・ハーンがソナム・ギャムッツオ（ダライ・ラマ三世）に捧げたものです。このようにチベットとモンゴルとの関係は、精神的指導者と世俗的支配者との関係であったとみることができます。チベット仏教には一八ほどの宗派がありますが、ダライ・ラマとパンチェン・ラマを頂くゲルク派（黄帽派《こうぼう》）が圧倒的な主流派となっています。ゲルク派はツォンカパの宗教改革の結果として創始されますが、それはガンデン寺が建立された一四〇九年のこととされています。

ダライ・ラマ政権の成立は一六四二年とされ、ダライ・ラマ五世の時代にあたります。これもグシ・ハーンがチベットを平定したことの結果であり、モンゴルの世俗的権力の力に依拠してのことでした。また、一六七八年にはダライ・ラマはガルダンにボショクトゥ・ハーンの称号を与え、ジュンガルのモンゴル族との結びつきも強めています。これは当時、清朝への対抗を意味していました。ダライ・ラマは有名ですが、歴代のなかで実際に強い権力をもったのは、五世と一三世くらいかも知れません。パンチェン・ラマはチベットではナンバー2の指導者ですが、もともとはダライ・ラマ五世が自分の師の死後にその転生者を選定したのがパンチェン・ラマ制の創始です。一六八二年に五世が亡くなると（その死は十年以上も秘密にされていました）、チベットでは内紛が起きます。チベットはこの混乱を自力で解決することができず、一七二〇年になると清朝が介入することになりますが、この後にも混乱は続き、結局一七五一年に常設の職位として駐蔵大臣のポストが設置されます。これ以降、英国の関与が始まるまで、チベットは清朝の統制のもとにあったと言えます。もちろんこのことが完全な領有権の根拠となるかについてはなお議論を要します。

一八七六年に選出されたダライ・ラマ一三世は一八九五年から親政を行い、世紀の変わり目に有能な指導者となりました。もっとも外圧は厳しく、一九〇四年九月英国は軍隊を派遣しチベット兵を駆逐した後、ポタラ宮でラサ条約を結ばせます。この条約でチベットは条約の当事者となりましたが、英国の事実上の保護権が設定されました。英国はインド防衛のためにヒマラヤを必要としており、一八二六年のアッサム領有から始まり、一八四六年のラダック（カシミールの一部として）保護国化、一八六五年のブータン・ドゥアル地方割譲、一八九〇年のシッキム保護国化と既成事実を積み上げてきました（第一一講図8を参照）。清朝は、一九〇六年の英清条約でチベットに対する英国の保護権を認めるものの、清の宗主権を黙示的に認めさせ、一九〇八年の英清通商協定ではチベットに外交権のないことを明示させます。また一九〇七年の英露協商（第六講）では、中国のチベットに対する宗主権が確認されています。一九一〇年になると清軍があらたにラサに派遣され、清朝＝中国による統治が回復するかに見えたわけですが、そこに辛亥革命が生じます。

外モンゴルやインドへの亡命を繰り返していたダライ・ラマ一三世は、一九一二年六月チベットにもどります。そして一九一三年一月一〇日、チベットはモンゴルと同盟条約を結び、相互の独立を承認することになります。また、三月の五カ条宣言ではその前文で独立が宣言されます。英国はチベットを確実に勢力下におくために袁世凱政権に圧力をかけ、一九一三年一〇月から一四年七月まで英国、中国、チベット代表によるシムラ会議がもたれます。この会議でチベットは独立を要求しますが、結局、中国宗主権下の高度自治以上のことは認められませんでした。また、この会議では、マクマホンライン（インドが主張する中印東部国境）を内容として含む協定が英国とチベットとの間で署名されますが、中国代表はイニシャルだけの仮署名はしたものの、正式には署名しませんでした。しかし、これ以降、中国は事実上中央チベットにまで主権を行使できない状況が続き、チベットは英国の支援のもとで、半独立状態に置かれることになりました。

新中国が成立するとすぐに、人民解放軍はチベットへの進軍を始めます。一九五〇年一〇月には東部チベットの重要都市チャムド（昌都）が攻略されます。この間、チベットの国連への提訴は認められませんでした。一九五一年六月二三日に中国中央政府とチベット地方政府との間で、「チベットの平和解放に関する一七条協約」が署名されると、ダライ・ラマ一四世は避難先であるインド国境のヤートン（亜東）から八月にラサにもどり、人民解放軍も一〇月にラサに入りました。

今日の西蔵自治区が設置されるのは一九六五年九月です。それまでの一四年間は困難を極めた時代でした。まず、チベットが遅れた封建農奴制社会であったことは確かであり、中央政府による社会改革がチベット人大衆にとって解放であった面は否定できません。他方、一九五〇年代後半以降の中央政治の左傾化が、チベットにおいては現実を無視した極端な政策を招来したことは忘れるべきではないでしょう。また一七条協約は「現行の政治制度は変えない」と規定していましたが、一九五六年のチベット自治区準備委員会の発足はこれに対する方針転換でした。この過程で一九五九年三月の反乱とダライ・ラマ亡命という悲劇も生じることになります。チベット問題を国際政治の枠組みのなかで考える際には、チベット問題が意図的に争点化されやすいこと、さらに、チベット亡命政府を承認した外国政府はひとつも存在しないことに留意する必要があります。

チベットというナショナリティが形成されなかったのはなぜでしょうか。その理由こそチベット問題に対する最も根源的な問いかけでしょう。

第八講　南アジア世界の構成とインド

文化圏としてインドを考えた場合、今日のインド共和国よりかなり広い領域を想定する必要があります。英領時代は、もちろんパキスタンやバングラデシュもインドの一部でしたし、ムガル時代まで遡るとアフガニスタンのかなりの部分もインドだったことになります。インド共和国の領域はこれに比べると随分狭いものです。もっとも今日、南アジア七カ国のうち、インドが圧倒的な地域大国であることは明らかで、面積の約七〇％、人口の約七五％、GDPの約八〇％、軍事力の約六〇％を擁するスーパー・パワーです。なお、インドの政治中心は、ムガル帝国三代皇帝アクバル時代の首都アグラ（一五六四―七五にアグラ城建設）から、一五七一年にファテープル・シークリー、一五八五年にラホール、一六五八年にデリー（シャー・ジャハーン・バード）へと移り変わりました。英領インドの首都は、一九一二年にコルカタ（カルカッタ）からニューデリーに移動しています。

インドが英国の植民地になる以前にはムガル帝国（一五二六―一八五八）があったわけですが、ムガルに対するインド人の感覚は複雑です。一八五八年にムガル皇帝は英国によって廃位されますが、その後の英領植民地時代、インドは英領の州と藩王国が並存している状態でした。全インドのうち、英領だったのは総面積の五五％、その住民は総人口の七六％でした。残りの四五％の面積は、五六二の藩王国に支配されていたのです。藩王国の規模はさまざまで、小は地主程度でした

図５　独立前夜のインド
出典：中村平治著『南アジア現代史Ｉ』山川出版社, 1977, p. 170

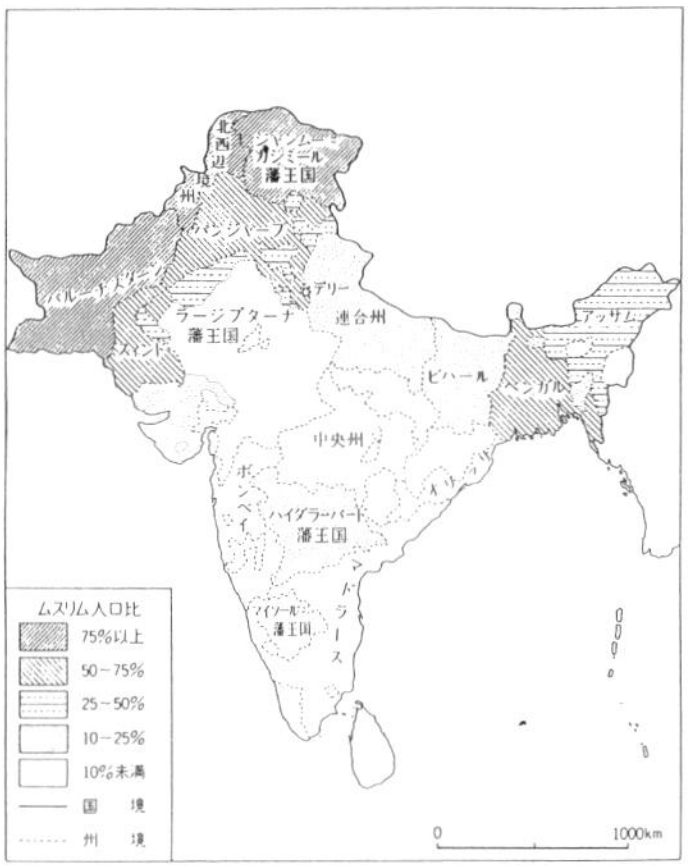

図６　イギリス領州・藩王国別のムスリム人口比
出典：加賀谷寛・浜口恒夫著『南アジア現代史Ⅱ』山川出版社, 1977, p. 124

が、ハイデラバードや、マイソール、カシミールなどは大きな藩王国でした。例えば、ハイデラバードの面積はフランスと同規模、人口は一、四五〇万人を数えました。藩王は一般にマハラジャと呼ばれ、イスラム教徒の場合にはナワブやニザムとも呼ばれました。英国は各藩王国と個別に保護条約を結び、外交権は英国が掌握していましたが、内政に関しては藩王に自治権がありました。大きな藩王国には英国から駐在官（Resident）が派遣され、藩王国同士の条約は禁止されていました。植民地時代のインドの四五％が英領ではなかったことは重要です。それは英国統治の終了時に、英領インドの半分近くの面積をもつ藩王国に、インドとは別の国を作るという意味での独立という選択肢が存在したことと同義だったからです。カシミール問題は印パの三度の戦争を誘発し、その後も紛争の種となり今日までこの地域の棘となっていますが、そのもとは、カシミール藩王が独立を意図したことにあります（第九講）。なお、カシミール藩王国は、パンジャブ州やベンガル州と同じくイスラム教徒多数地域でした。

英領インドには四、〇〇〇人程度の英国人しかおらず、その下には一〇〇万人のインド人公務員がいたことを忘れることはできません。インド独立運動の映像を見れば明らかですが、ガンディーたちの非暴力運動を弾圧する警官の多くは白人ではありません。英国植民地インドは、インド人公務員の力なくしては一日たりとも動きえなかったのです。他方、実務処理能力をもったこの厚いホワイト・カラー層なしに、独立インドが英国統治を引き継ぐことは不可能だったでしょう。権力の移行とは、被治者が一夜で治者に変わるといった単純な過程ではないのです。一九三五年のインド統治法にもとづいて、一九三七年には州議会の選挙が行われます。会議派やムスリム連盟は、州政府を形成し、立法・行政に参与することによって、権力移譲のための経験を積みました。

インド独立運動はガンディーとは切り離せません。若き日のタキシード姿の英国紳士然とした彼の姿も、独立後も孤立無縁で民族融和を説いて回る彼の姿も、インドが抱えていた問題の難しさを訴えかけずにはおきません。特に後者の一人荒野を行く姿や、命がけの断食などは、多くの人々を感動させるものですが、他方、不可触民出身で独立後初代法務大臣になったB・R・アンベードカルとの関係でみると、カーストの廃止には冷淡だったように見えます。非暴力不服従運動は、一滴の血も流さずにインドを独立へ導いたわけではありません。殴られても蹴られても抵抗しないのですから、血が流れていないわけはないでしょう。ただ、ガンディーのやり方が、最も流血の少ない方法であったことは確かかも知れません。他方、国民会議派の急進派だったS・チャンドラ・ボースにとってはガンディーの方法は生ぬるいものでした。国民会議派の議長に選ばれながら、一九三九年にガンディーの圧力で辞任に追い込まれたこの政治家は、四一年には英国官憲の追求を逃れてベルリンにわたります。逃亡先では反英のためにヒトラーとさえ握手し、その後東条内閣の呼びかけに応じて満洲国代表や王兆銘とともに大東亜会議に出席し、インパール作戦にも協力しています。

ガンディーは最後まで、統一インドとしての独立にこだわりましたが、独立直前のインド国内情勢は混乱を極めました。最後は一九四七年六月のマウントバッテン（最後の英国人総督）裁定によってパキスタンとの分離独立が決定されるに至りました。分離独立の理由を、国民会議派はイスラム教徒の非妥協的な姿勢に見いだしますが、他方、国民会議派が強力な中央集権体制にこだわったことが、ムスリム連盟の猜疑心を呼んだという見方もあります。国際法上は、英領インドはインドが政府承継し、パキスタンは新規独立し、国連へも新たに加入しました。

ガンディーは民族とも宗教ともかかわらない糸車（チャルカー）を独立運動の象徴に据えましたが、独立インドの国旗の中央に描かれているのは、糸車ではなくアショカ王の法輪です。糸車が象徴したのは庶民の抵抗する力でしたが、法輪が象徴するのはマウリア朝という強大な統一帝国とその政治神話にほかなりません。それは独立運動を担ったガンディーの国民会議派と、政権党としてのネルーの国民会議派の決定的な違いを象徴しているとも言えるでしょう。

第九講　印パ戦争と中印国境紛争

印パ分離独立の後、この地域では四回の戦争がありました。一九四七—四九年の第一次印パ戦争、一九六二年の中印国境紛争、一九六五—六六年の第二次印パ戦争、一九七一—七二年の第三次印パ戦争がそれです。なお、印パ間では、一九九九年にはカシミールのカルギルで戦争直前の状況が生じ、二〇〇一年一二月のインド国会襲撃事件の後、二〇〇二年の前半核戦争の危機がささやかれるまでに事態が悪化したことがあります。三回の印パ戦争はカシミールの帰属問題と関連しており、第三次印パ戦争は同時にバングラデシュの独立戦争でもありました。中印国境紛争はこの地域の戦略環境を一変させ、インドの軍事的弱体を印象づけ、第二次印パ戦争の誘因ともなりました。

前講で紹介したように、カシミールは藩王国でした。カシミール全体では住民の六四%（狭義カシミールのカシミール渓谷だけなら約九五%）をイスラム教徒が占めましたが、藩王ハリ・シンはヒンドゥー教徒でした。印パ分離独立にあたって、現実には多くの藩王国はインドかパキスタンのどちらかを選ぶように迫られました。カシミール藩王は密かに独立を意図して回答を引き延ばしているうちに、イスラム教徒に対する弾圧もあって反藩王の臨時政府が樹立されるなどしたところ、藩王は慌ててインドへの帰属文書に署名し、これを受けてインド軍が進攻し、その後パキスタン軍も侵攻して紛争となりました。これが第一次印パ戦争です。国連はカシミールの住民投票を決議しましたが、結局それは行われていません。こうした経緯だけみても問題の複雑さがわかります。インドが住民投票を受け入れたにもかかわらず、パキスタンが米英から援助を引き出すために紛争の種を残したという解釈もあります。他方、ジュナーガドやハイデラバードなど、実際に独立を志向した藩王国は、インドの軍事・警察力によって強制的に併合されています。

中印間の関係は、一九五四年のネルー・周恩来会談以後表面的には極めて安定していました。しかし、主に西部国境と東部国境（第一一講図8参照）をめぐって合意に達することができなかったことから、軍事紛争を惹起することになりました。総じて言えば、中国が妥協的だったのに対し、前進政策と呼ばれるインドの挑発的な政策が中国の大規模な軍事行動を誘発したものと考えることができます。この時期中国の姿勢が妥協的だったことは、一九六〇年から一九六三年にかけて、ビルマ、ネパール、北朝鮮、モンゴル、パキスタン、アフガニスタンと相次いで国境協定に調印していることから明らかです。約三〇日にわたる戦闘で、圧倒的な軍事的勝利者は中国でした。しかし、中国は一方的に撤退し、かえって以前の実際支配線より後退することにより、交渉を継続する姿勢をみせます。しかし、両国関係はそれ以後四〇年近く凍結された状態が続くことになります。両国間の国境は長きにわたって、当時の実際支配戦で固定されてきました。

中印国境紛争におけるインドの劣勢は、パキスタン首脳部にはっきりと記憶されたものと思われます。一九六四年一二月に、インド政府がカシミールのインド側支配地域にインド憲法の適用を宣言すると、紛争の機運が醸成されます。パキスタンはカシミール北方地域は中央直轄地としていますが、アーザード・ジャム・カシミールは今でも紛争地域として、外交・国防・通貨はパキスタンが管轄するものの、パキスタン政府とは別の憲法、議会、大統領の存在を認めています。第二次印パ戦争でパキスタンは、古都ラホールに迫られ、パンジャブ平原での劣勢をさらけ出します。結果的にはインドの優位を知らしめ、東パキスタンの自治要求を高める結果となりました。

第三次印パ戦争は、パキスタン初の総選挙をきっかけにしています。独立後のパキスタンはインドの東西に分かれて領土をもつ飛び地国家でした。政治は西パキスタン優位に進められ、文化的にもウルドゥー語が国語とされ、今日のバングラデシュである東パキスタンのベンガル人は人口的には多数派であるにもかかわらず従属的な地位に置かれていました。東パキスタンでの自然災害対策の不備や、第二次印パ戦争の際に東パキスタンの安全に十分な考慮が払われなかったなどの不満があったところへ、一九七〇年一二月の総選挙で東パキスタン中心のアワミ連盟が五三・三％の議席を獲得して第一党になったにもかかわらず、軍事政権が民政移管に応じず交渉も不調だったことから、一九七一年三月になると中央政府の軍事行動が始まり内戦に発展しました。東パキスタンはバングラデシュ（ベンガル語で「ベンガル人の国」という意味です）独立宣言を出します。内戦によってインドの西ベンガル州に大量の難民が出たことが、インディラ・ガンディー政権に介入の口実を与えることになりました。インドの強硬姿勢と軍事的優勢に対して、米国が第七艦隊をベンガル湾に派遣して牽制した直後に停戦が実現し、パキスタンはバングラデシュの独立を承認しました。

この間のこの地域の国際構造を分析してみると、中印国境紛争が、戦略的な結びつきを大きく変えさせたことが見てとれます。まず、一九五四年の時点では、平和五原則によって中印は強く結びついていました。米国はネルーの非同盟政策を嫌い、対ソ封じ込めの観点からパキスタンを支援していたのです。ところが中印紛争における中国の軍事的優勢を眼にして、米英は強力な対インド援助を行います。米英からの軍事援助の受け入れはインドが外交理念としていた非同盟政策の一定の修正を意味していました。他方インドとの関係を冷却化させた中国はパキスタンとの関係を強めていきます。パキスタンも米国の対インド支援に対する反発もあり、いっそう中国に接近していきました。ソ連は従来中印間では中立的でしたが、中ソ論争がエスカレートするにつれて、インドとの連携を強めていきました。第二次印パ戦争の誘因にはパキスタンに対する中国の強い援助も介在しています。もっとも、第二次印パ戦争で示されたインドの優位は、米英のインド離れを招いていきます。そして、中ソ関係の決定的悪化が、米中関係改善をもたらすと、一九七一年八月、印ソは間髪を入れずに友好条約を締結することになります。インドにとっては、非同盟政策の存続を疑問視されても仕方のない選択でした。他方、第三次印パ戦争におけるパキスタンの決定的な敗北は、政治的・軍事的脅威としてのパキスタン要因を極めて小さなものとし、インドはバングラデシュ独立によって安全保障上の脅威を著しく軽減することになりました。この地域の国際関係は米・中・パと印・ソという構造のなかに組み込まれ安定化していったのです。

一九七九年のソ連のアフガニスタン侵攻は、パキスタンの戦略的価値を高め、米国はパキスタンへの支援を強化していきますが、このことが印パ関係を不安定化することはありませんでした。やがて、一九八八年四月に和平協定が調印されソ連軍のアフガニスタン撤退が実現すると、米ソ両国のこの地域に対する関心は急速に低下していきました。

第一〇講　南アジアのエスニック紛争

インドは文化的に二つの地域に分けられます。すなわち、アーリア系の北インドと、ドラヴィダ系の南インドであり、それぞれ人口の七二%と二五%を占めるとされます。インド人というエスニシティはないので、インド人という言葉はナショナリティを意味します（ですから、インド民族とは言いません）。インド国民のなかには、パンジャブ人、ベンガル人、タミル人など、多様なエスニシティが存在します。インドには数百から千の言語があるとされ、言語だけを基準にするとすれば、それだけの数のエスニシティが存在することになります。それに加え、ヒンドゥー教、イスラム教、シーク教、仏教、ジャイナ教と宗教も多様です。さらに、カーストが存在することが、問題をいっそう複雑にしています。この国には公用語だけで、中央公用語のヒンディー語と英語に加え、地方公用語が一七もあります。最大多数のヒンディー語ですら、そのネイティヴは総人口の二五%から三〇%に過ぎないと言われます。これほどの多様性に統一を与えているのは何なのでしょう。それこそまさに本書が課題とする政治統合やネイション・ビルディングの問題なのですが、ヒンディー語以上に英語が汎用性をもつというインドの状況は、そのナショナリズムが強いほど、その分だけいっそう深刻な問いを突きつけてきます。

パキスタンのエスニシティも決して一様ではありません。そもそも、Pakistan という言葉自体

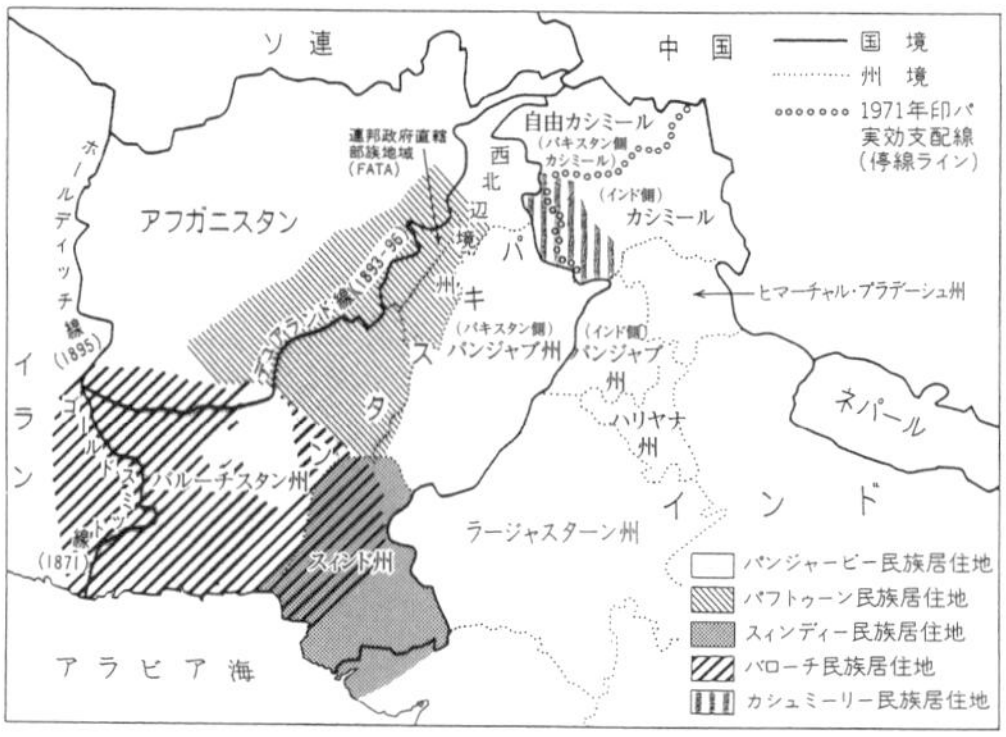

図7　旧インド西北部
出典：深町宏樹・辛島昇他著『インド世界の歴史像』
山川出版社, 1985, p. 165
（但し表記の一部を筆者が変更してある）

が、パンジャブのP、アフガン（北西辺境州）のA、カシミールのK、シンド（スィンド）のS、バルーチスタンのTanを組み合わせた造語で、ウルドゥー語で清浄な（Pak）国（Stan）を意味します。パキスタンの複数のエスニシティとその国名の由来は図らずも国家の人工性をよく示してくれています。ただ、インドとパキスタンの決定的違いは、インドが世俗国家であるのに対して、パキスタンがイスラム国家である点にあります。

　本講ではエスニック紛争を採り上げます。以下では四つの事例を採り上げますが、すべてに共通しているのはそれが中央と地方との間の紛争である点にあります（なお本講では伊藤融の以下の一連の論考を参考にしています：「南アジアのエスニック紛争における国際的ファクター」『南アジアの国家と国際関係　国際政治』一二七号、二〇〇一。「スリランカのエスニック紛争」『中央大学社会科学研究所研究報告』第一九号、一九九九。「エスニック紛争の源泉」『法学新報』第一〇四巻六・七号、一九九八）。

　図7には二つのパンジャブ州とハリヤナ州がありますが、この三州は独立前には単一のパンジャ

ブ州でした。まず独立に際して、パンジャブ州は印パに分割され、五〇〇万人近いシーク教徒がインド側に移住してきました。一九六六年になって州再編要求が現れ、ヒンドゥー教徒多数地域がハリヤナ州として独立することになります。シーク教徒の過激派は一九八〇年代に独立要求を掲げ政府に弾圧されたことがありますが、今日では沈静化しています。シーク教徒はインド全体では一・九％しかいませんが、パンジャブ州では人口の六〇％を占めるので政治的には無視できません。

カシミール紛争についてはすでに（第九講）紹介しましたが、実はこの問題は、インド側ジャム・カシミール州の自治権拡大要求と、インド中央政府との対立という側面をもっています。印パ間の領土問題という側面ばかりが強調されて見落とされがちですが、インドの報道は意図的に中央・地方問題であることを軽視している面があるように思われます。もちろん、急進派に対するパキスタンの援助が問題を複雑にしていることは否定できません。

バングラデシュの独立は、本来、西パキスタンにある中央政府と東パキスタンとの中央・地方関係であった問題です（第九講）。中央政府に対する不満が、一九七〇年三月の総選挙というきっかけを得たとき、アワミ連盟の大量得票という結果が生じました。ここで民政移管が受け入れられていれば、状況は大きく変わったかも知れませんが、中央政府の一方的な兵力投入が内戦を招きました。ここで注意すべきは、英領インド時代は、東ベンガル州と西ベンガル州は一つの州だったことです。結局イスラム教徒多数地域が東パキスタンの東ベンガル州（その後一九五六年に東パキスタン州に改称）となり、ヒンドゥー教徒多数地域は西ベンガル州としてインドに残ることになりました。

もっとも、国は違っても言語は共通であり、双方を貫く大ベンガル・ナショナリズムも存在します。

スリランカでは二千万人強の人口のうち、八一・九％のシンハラ人と、九・四％のタミル人の二つのグループの間に対立があります。多数派のシンハラ人は仏教徒で、タミル人はヒンドゥー教徒です。もともとは、一九世紀に英国の農園労働者としてタミル人が移民してきたことに問題の始まりがあります。スリランカは一九六一年にシリマボ・バンダラナイケ夫人が世界で最初に女性首相になった（その意味では英国流の民主主義が根付いた）国で、スリランカ自由党（社会主義経済を志向）と統一国民党（開放経済路線）との二大政党制が採られていましたが、対タミル人では政策に大差はありませんでした。それどころか、それぞれが集票のためには、多数派シンハラ人のナショナリズムに訴えることになり、一九四八年の英自治領セイロンとしての独立以来、シンハラ人優遇政策が採られてきました。そして、七〇年代後半以降タミル人の分離独立運動が拡大し、一九八三年の七月暴動以来二〇万人の難民が発生して、紛争は拡大・停戦と、合意・決裂を繰り返してきました。一九八七年からは三年弱の期間、インドの平和維持軍が派遣されましたが、結局成果をあげられずに撤退しました。圧倒的多数派のシンハラ人の頑なにすぎる自民族中心主義こそ最も理解しがたい点ですが、視野を広く採ってみると、海峡の向こうのインド・タミルナド州には五千万人のタミル人がいます。つまり、シンハラ人はスリランカ内でこそ多数派ですが、インドまで含めた地域全体でみると、今度はシンハラ人が少数派を形成します。しかもタミル人にはスリランカ以外の行き場があるのに対して、シンハラ人にはスリランカ以外に故郷はありません。こうした現実がシンハラ人の排外意識を強化させていると考えることができます。

第一一講　ヒマラヤン・リージョン

図8にあるように、インドの中国に対する緩衝地帯として、ブータン、シッキム、ネパール、ラダックがあります。これらをかつて英国インド総督カーゾン卿は「保護国の鎖」と呼びました。二〇世紀になると英国はチベットにも触手を伸ばしました。

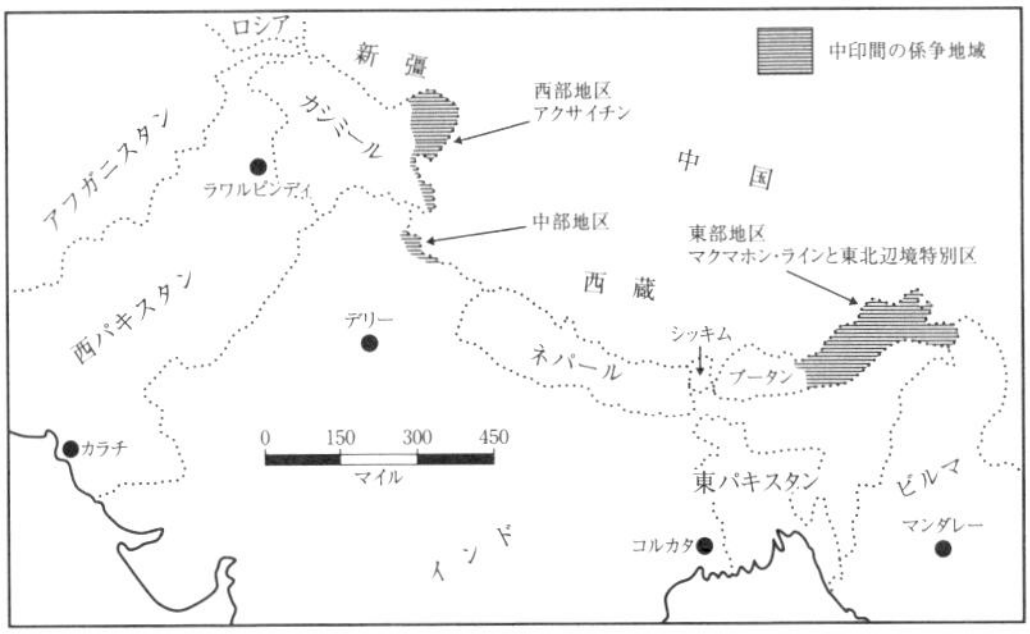

図8　中印国境地帯
出典：Alastair Lamb, *Asian Frontiers*, Pall Mall Press, 1968, p. 118より筆者作成

ネパールは人口二千万人程度の小国ですが、多くの民族を擁しています。北方山岳地帯にはチベット系の人々が多く、南方平野部にはインド系の人々が暮らしています。宗教的にも、ヒンドゥー教、チベット仏教、上座部仏教などが広がっています。二〇〇六年の政変以来、王制の変更が議論されていますが、もともとネパールは世界で唯一のヒンドゥーを国教とした国でした。国王はヴィシュヌ神の化身と考えられ、玉座にはヴィシュヌの乗り物であるガルーダが描かれていました。

現グルカ王朝が成立するのは一七六九年であり、近世はここから始まります。その後、一八四六年以来政治の実権は摂政を輩出する家柄であったラナ家に移りました。このラナ家の時代の一九二三年、英・ネパール友好条約が締結されますが、これがネパールが植民地化されず独立国家だったことの根拠とされています。この友好条約は、インド大反乱や第一次世界大戦に際して、ネパールが有能なグルカ兵を提供したことに対する見返りとも解されています。もっとも、かろうじて独立を保ったものの、保護国的な地位にあったことは確かでしょう。英領インドにとってネパールは緩衝国としてどこまでも重要だったのです（本講の以下の叙述は井上恭子「ヒマラヤン・リージョンにおける国家関係」『南アジアの国家と国際関係　国際政治』一二七号、二〇〇一を参考にしました）。

一九四七年の「共和国」インド独立の影響を受けて、一九五〇年にはネパールでネパール会議派が結成されます。一九五一年の王政復古とラナ家支配の終焉もインドの後押しでした。しかし、トリブバン国王は約束した選挙を一九五二年に実施しませんでした。インドは王制のもとで、民主化が進展することを望んだわけですが、これは誤算となってしまいました。これ以降のネパール国内政治は、改革を翼賛参事会であるパンチャーヤト体制にとどめようとする国王側と、議会制の完全な実現を目指す政党勢力の綱引きとなります。一九五九年には憲法が公布され総選挙が行われましたが、一九六〇年には国王によって憲法が停止され、内閣は解散され政党政治家は逮捕、一九六二年にはパンチャーヤト憲法が制定されました。一九八〇年の国民投票でもパンチャーヤト派が勝利し、結局政党政治が実現するには後述のとおり一九九〇年を待たなければなりませんでした。この年、パンチャーヤト体制は崩壊し、新憲法が制定され、政党政治が復活しました。

以上が内政の簡単な推移ですが、次に外交面を検討します。まず、一九五〇年七月インド・ネパール平和友好条約・通商貿易協定が調印されます。後に明らかになることですが、この協定には秘密付随文書があり、双方への外国の侵略を容認しないこと、ネパールはインドから武器を購入することなどといった不平等な条項がありました。この協定の締結には、中国人民解放軍のチベット進駐に対する警戒という面がありましたが、同時に、支配体制が揺らいできたラナ家が改革を要求しないことを条件としてインドと手を組んだものとされています。一九五五年八月にネパールは中国と国交を樹立していますが、このときも事前にインドとネパールの間で協議が行われたほか、インドは中国にネパールに対するインドの優位を認めさせたとされます。一九六五年一月には秘密交換公文が交わされ、ネパール武器需要の独占、インドとの国境地帯からの中国の排除等が取り決められています。このように、インドはネパールに対して保護国に近い地位を求めており、英国の植民地支配に対する英雄的な闘争で知られる国民会議派政府が、こと外交面では、特に周辺諸国に対して、いかにかつての英領インドのように振る舞ったかを知ることができます。国際法上の承継国としては当然なのかも知れませんが、独立運動に由来する会議派の神話とは明らかに異質な行動がここにはあります。一九七二年に即位したビレンドラ国王は、一九七五年五月の戴冠式の際に「ネパール平和地帯」を宣言しますが、この宣言は対インド関係では極めて挑発的なものでした。この後、八〇代にネパールはハイ・ウェー建設や武器購入について、中国との関係を深めますが、これに対するインドの回答が、一九八九年の貿易・通過協定の失効とその再交渉の拒否でした。陸封国であるネパールにとっては、貿易窓口の閉鎖は致命的で、これは事実上の経済封鎖でした。一九九〇年の政党政治の復活はこの経済封鎖によって生じた政治危機の結果です。この危機は同年のバッタライ暫定首相の訪印で解決されましたが、ネパールはその際、五〇年協定や六五年公文を再確認し、一九九〇年三月の追加的な秘密協定案の内容にも同意させられたと言われています。二〇〇一年のビレンドラ国王殺害事件のあと、ネパール政治は迷走を繰り返してきました。けれども、混乱が収拾に向かうきっかけとなった二〇〇六年四月の政治危機の際にも、四月二四日夕刻の国王とインド大使との会談が事態の転換点になっていることが注目されます。

インドとブータンの関係にも類似性がみられます。一九一〇年に英・ブータン庇護協定が結ばれ、英国はこの条約でブータンの外交権を獲得しました。一九四九年インド・ブータン友好条約はこの条約を継承したもので、インドはブータンの外交権を保持しているとされます。二〇〇七年二月八日、ブータンとインドの不平等条約が改定されたという報道がありましたが（例えば『読売新聞』二〇〇七年二月一〇日）、条文は非公開であり、なお不透明な状況が続いています。シッキムについては、英国が一八六一年に保護条約を結んでいます。一九五〇年のインドとシッキムの友好条約はこの関係を引き継いだものです。一九六〇年代に国王は自立を試みましたが、一九七三年の民族紛争と反王制運動がインドに介入の口実を与え、シッキムは一九七五年、インドに併合されてしまいました（シッキム、ブータンについては以下を参考にしています：John W. Garver, *Protracted Contest: Sino-Indian Rivalry in the Twentieth Century*, University of Washington Press, 2001）。

第一二講　東南アジア世界

本講以降の計四講は東南アジア世界を対象とします。ＡＳＥＡＮ構成一〇カ国と東ティモールが東南アジア地域を形成します。この地域の顕著な特徴の一つは、植民地化によって現在の領域やアイデンティティの性格が規定されたという点にあります。図９に明らかなように、植民地化されずに独立を保ったタイを除けば、すべての地域がオランダ、英国、フランス、ポルトガル、スペイン・米国の植民地でした。こうした領域やアイデンティティの形成について、ベネディクト・アンダーソンは「巡礼［Pilgrimage］」という象徴的な概念を用いています。例えば、仏領インドシナでは、フランス人によって学校が作られていきます。そして高等教育ほど、講義はフランス語で行われ、優秀なヴェトナム人の子供たちは、村から町、省都という形で高い教育を受けるにつれて流暢なフランス語を身につけていき、最後はインド

図９　列強の東南アジア進出
出典：森弘之他著『東南アジア現代史Ｉ』山川出版社, 1977, p. 19

シナ総督府のあったハノイの大学で最高の教育を受けました。ここまでくる過程で、彼は思考形態も含めて植民地支配者であるフランス人になっていきます。運が良ければ、パリに留学するかもしれません。この過程をアンダーソンは「教育の巡礼」と呼んだのです。やがて、教育を受けた彼らは、今度は地方官僚として派遣され、小さい村から大きな町へと出世の階段を上りながら有能な植民地官僚として成長していきました。この過程は「行政の巡礼」と呼ばれました（ベネディクト・アンダーソン『増補・想像の共同体』NTT出版、一九九七）。こうした巡礼は程度の差こそあれその他の植民地にも存在しましたが、大日本帝国が六番目と七番目の帝国大学をソウルと台北に作った背景にも、同じ論理が存在しています。

この東南アジア世界は二つのサブ・システムから構成されています。大陸部東南アジアと島嶼部東南アジアがそれです。宗教的にみると、今日の大陸部東南アジアは、中国の強力な影響下で大乗仏教を受け入れたヴェトナムを除けば、基本的には上座部仏教の文化圏です。他方、島嶼部は、フィリピンの主流がカソリックで、インドネシアのバリ島にヒンドゥー教が化石のように残っていることを除けば、総じてイスラム世界であると言えます。もともとは、東南アジア全体がインド文化の強い影響下にありました。つまり、大乗仏教やヒンドゥー教の影響が強かったのです。アンコールワットや、ボロブドゥール、プランバナンなどはその名残です。それは紀元前二世紀頃から始まり、一三世紀頃を境に衰退していったとされます。その後には上座部仏教とイスラム教が入ってきました。大陸部東南アジアでは、一一世紀頃に上座部仏教がスリランカから現在のビルマ（筆者は「ビルマ」を用いますが、以下で出典がある個所では原著の表記にしたがっています）に伝播し、さらにタイやカンボジア、ラオス地域に広がります。しばらくは並存の時代が続きますが、やがて大乗・ヒンドゥー的なものは駆逐されていきます。他方、島嶼部東南アジアでは、一五世紀にはマレー半島やスマトラ島の北部がイスラム化し、やがて一六世紀になるとスマトラ南部、ジャワ島さらにカリマンタン島へと伝播していったのでした。

この地域の特性を地理的・政治的に検討してみるには、図10が有用です。山影進はこの図によって東南アジアの国家間関係の特徴を次のように整理しています。(1)二つ（大陸部・島嶼部）のサブシステム。(2)域外からは中国の影響を受けやすい。(3)ミャンマーが域外に最も晒されている。(4)大陸部と島嶼部とはタイとマレーシアで繋がっている。(5)大陸部ではラオスが要になっている。(6)島嶼部ではマレーシアが要になっている（「地域体系成立の条件」『東南アジアの国際関係』弘文堂、一九九一）。

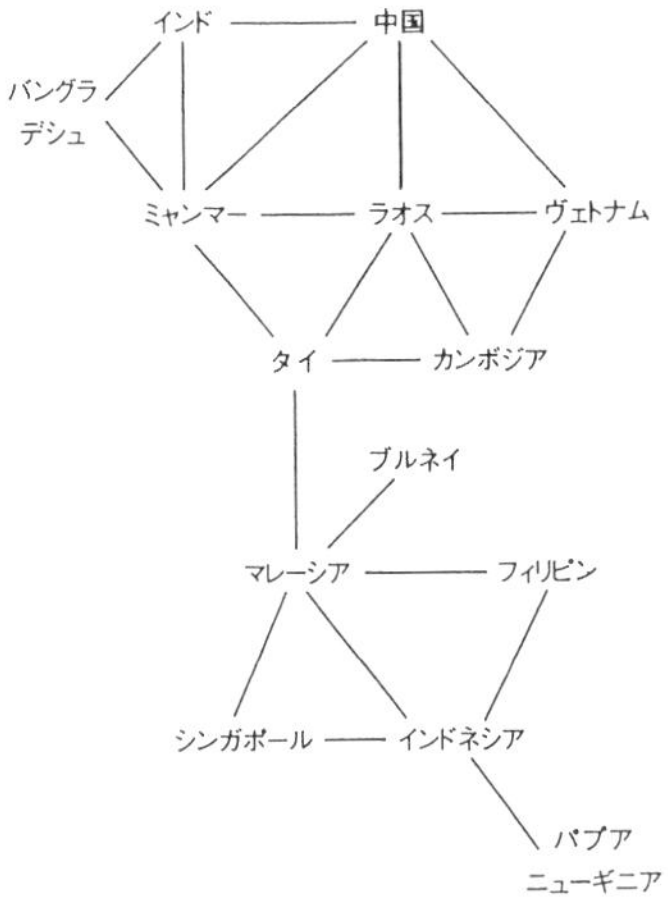

図10　東南アジア諸国の配置と接触
出典：山影進他著『東南アジアの国際関係』弘文堂, 1991, p. 329

植民地の独立と言っても、独立がどのような形式、過程をたどったかは、その後の行方を規定する重要な要因となります。例えば、交渉による独立を勝ち取ったマレーシアにとっては、旧宗主国英国との協力は可能な選択肢でした。しかし、戦争という極限的な形を取ったヴェトナムやインドネシアでは、フランスやオランダとの協力はすぐにはありえない選択でした。また、権力の委譲が平和的であったほど、既存の秩序は温存されることになりました。例えば、植民地体制下で利益を得ていた外国資本や、外国と協力関係にあった民族資本などが生き残る可能性は高くなります。官僚の入れ替えはありえませんし、法体系の変更も規範的なものに限られたでしょう。他方、戦争によって権力移譲が行われた場合には、以前との連続性はかなり明確な断絶を被ることになります（第一講で触れたインドの独立と中国の解放の違いにも似た面があります）。

ところで、大陸部東南アジアですが、タイ、ビルマといった相対的な強国の前身であるスコタイ朝やアユタヤ朝、パガン朝やタウング朝の間で行われてきた覇権争いの歴史は、各国のナショナリズムの形成について考える上で重要です。また、相対的には小国であったカンボジアも九世紀から一二世紀にかけては、強国として大陸部東南アジアに覇を唱えました。アンコール・ワットはその象徴です。ラオスはヴェトナムとタイの間の緩衝国としての役割に甘んじてきました。

なお、東南アジア全域で、三千万人以上ともいわれる華僑・華人の役割についても、その分布、動態に注意を払うことが必要です。例えば、マレー独立のプロセスで、マラヤ連合案が廃棄されマラヤ連邦となった過程、あるいは、マレーシアからのシンガポールの独立の過程などにおいて、華僑・華人の動態やそれに対する非中国系の認識は、事態の展開に大きな影響を与えました。東南アジア全域で華僑・華人の存在と動向は特別な重みをもっていると言えます。

第一三講　マレーシアの形成

マレーシアについて政治学的に論じる際には、多くはまず多極共存型デモクラシーの事例として語られます。マレーシアの民族構成はマレー系が六三%、中国系が二六%、インド系が八%とされます。マレー系は先住民で農業に従事し、中国系は錫鉱山労働と都市商工業に携わり、インド系タミル人はプランテーション労働者として働いてきました。これらのエスニック・グループが大きな摩擦もなく共存しているのが、マレーシア社会の大きな特徴です。なお、都市では中国系が半分くらいの比率になります。マレーシアはまた連邦制をとっています。そして一三州のうち九州に王家があり、各王家のスルタンが五年任期で輪番で国王を担当するという制度が採られています。

ここではまず、連邦制の成り立ちを考えてみることにしましょう。それはまた、植民地と独立の問題を考えてみることでもあります。マレー半島と西欧とのかかわりは、一五一一年にポルトガルがマラッカを占領したことに始まります。その後、マラッカは一六四一年にオランダ、一七九五年には英国が占領します。マラッカに加え、ペナン、シンガポールをあわせて海峡植民地と言いますが、それは英国東インド会社から、インド省の管轄をへて、一八六七年には植民地省の管轄となります。この海峡植民地が英国のマレー半島支配の拠点となっていきます。なお、一八二四年には英蘭協約が結ばれ英国とオランダの間で、勢力範囲が決められます（図11）。ある意味ではこの協約が

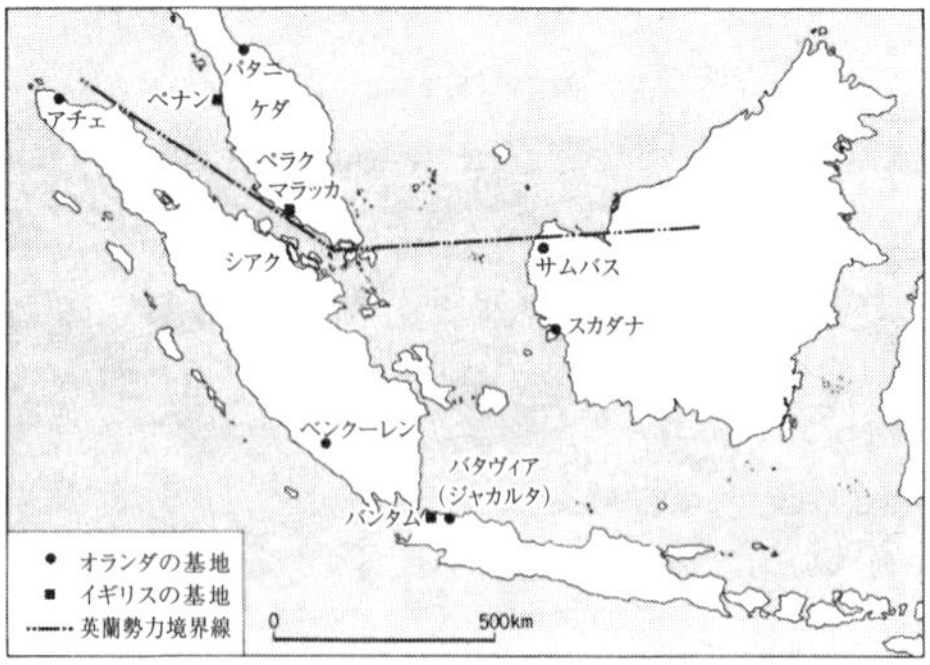

図11　英蘭協約
出典：池端雪浦・生田滋著『東南アジア現代史Ⅱ』山川出版社, 1977, p. 213

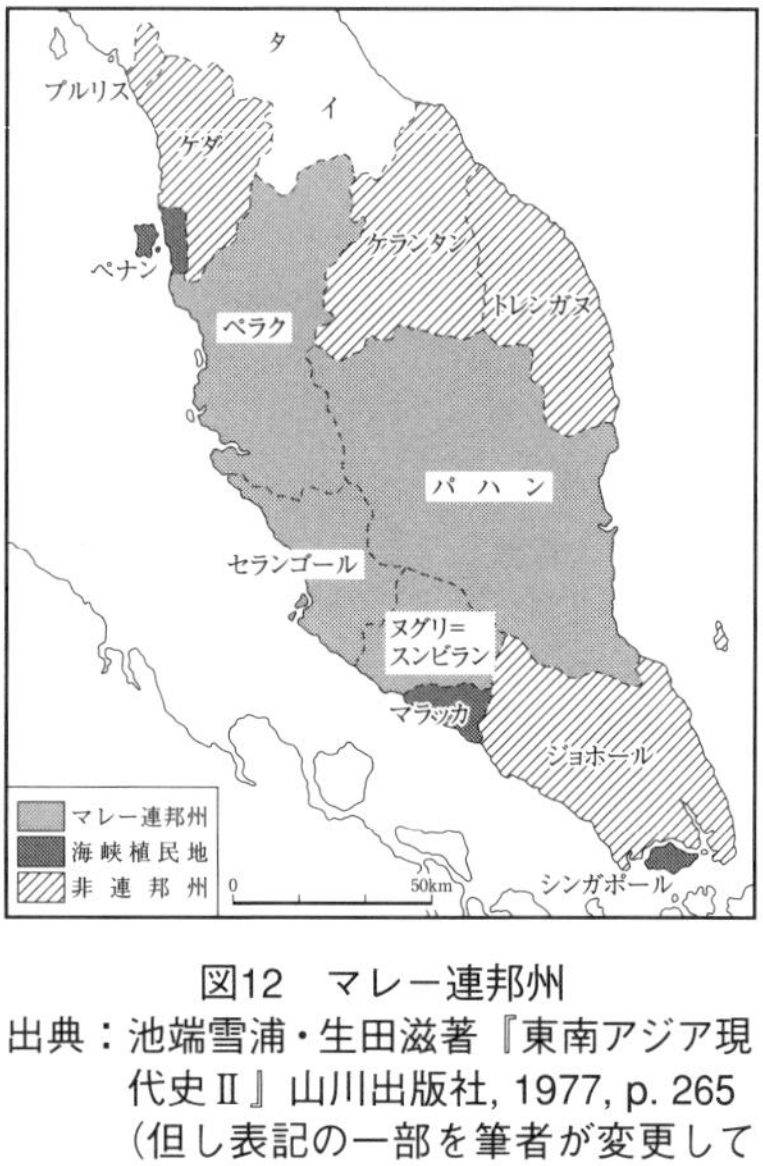

図12　マレー連邦州
出典：池端雪浦・生田滋著『東南アジア現代史Ⅱ』山川出版社, 1977, p. 265（但し表記の一部を筆者が変更してある）

今日のマレーシアとインドネシアを区分する原点になりました。

その後、一八九六年七月、ペラク、パハン、セランゴール、ヌグリ・スンビランの四州がマレー連邦州（Federated Malay States）として正式に成立します。この四州にはそれぞれ理事官（Resident）が派遣されましたが、その監督者である統監（Resident General）が駐在したのがクアラルンプールです。また、一九一四年五月には、ジョホール、ケダ、プルリス、ケランタン、トレンガヌの五州がマレー非連邦州（Unfederated Malay States）となります。非連邦州には理事官ではなく顧問（Adviser）が置かれます。こうして、英国のマレー支配（英領マライ）は、三つの海峡植民地都市と九つの州から成り立つことになりました（図12）。最初の州であるペラク州は、英国とペラク王国との間で一八七四年に結ばれたパンコール協約によって成立します。この協約により、スルタンには年金と一定の土地が与えられ、スルタンの権限はマレー人の宗教と慣習の範囲内に限定される一方、英国の理事官が送り込まれ、財政については海峡植民地政府の支配下に置かれることになりました。この協約が他のマレー諸国にも適用されていったのです。

太平洋戦争は実は真珠湾攻撃より一時間早く、日本軍のマレー半島・コタバル上陸から始まります。日本は一九四二年一月末にはマレー諸国を完全に占領し、敗戦まで支配することになりました。その政策はエスニシティに応じて、(1)中国系に対する弾圧、(2)マレー系の擁護、(3)インド系の援助（反英闘争支援のため）に分かれます。日本の占領は、マレー系についてだけ見れば、英国植民地支配からの解放と受け取られた面もありました。

日本の敗戦後、英国はマレーに戻ってきます。一九四六年三月には統一マレー人国民組織（UMNO）が結成されます。これはマレー人エリートを中心とした組織で、反共産主義、反急進主義の立場で結集します。同八月にはマラヤ・インド人会議（MIC）が結成され、少し遅れますが、一九四九年二月には中国系の財界人を中心にマラヤ中国人協会（MCA）が結成されます。この穏健派エリートの組織化の成功とエスニシティを越えた協力は政治的安定の基礎となりました。一九四八年二月にはマラヤ共産党が武装蜂起を決定します。これに対し六月になると全土に非常事態が布告され、共産党は非合法化されます。独立後の一九六〇年七月に非常事態は解除されますが、マレー半島では、共産党の急進主義は最後まで政治の主流にはなりえませんでした。

独立に向けての歩みですが、英国はまず一九四六年四月、マラヤ連合（Malayan Union）を発足させます。シンガポールは植民地として領有する考えでしたから、マレー九州とペナン、マラッカを基礎とし、各民族の平等が唱われました。ところがこれに対して日本支配下で優遇されたマレー人の反発が生じます。また、中国系の経済力を恐れたという理解もあります。こうして、非マレー系の市民権条件を厳しくするなどの内容をもったマラヤ連邦（Federation of Malaya）が、一九四八年二月に成立します。その後一九五五年の憲法改正と、総選挙をへて一九五七年八月マラヤ連邦は完全な独立を達成します。独立が戦争をとおしてではなく平和裡に達成されたことに留意しましょう。

そして一九六三年九月になると、マラヤ首相ラーマンの構想にもとづいて、マラヤ、シンガポール自治国、さらに英領サバ、サラワクによる、マレーシア連邦が成立します（ブルネイは参加を見送りました）。もっとも、その後、シンガポールはマレーシアから締め出される形で、一九六五年八月、分離独立することになります。その背景には、マレー人の利益に対するラーマンの考慮があったと見ることができます。一九八一年からは二二年間にわたって、マハティールが首相の座にありました。彼は、ルック・イースト政策やブミプトラ（土地の子）政策を推進する一方、二度の憲法改正などによって、スルタンの権力に箍《たが》を嵌《は》めていきました。初代首相ラーマンは自身もケダの王族出身であったのに対し、そうした出自をもたないマハティールは王制がより「立憲的」であることを求めました。また欧米への留学経験をもたないという点でも彼は新しいタイプの指導者でした。

第一四講　立憲王制とタイ

タイ政治を特徴づけるのは、クーデタと憲法制定の多さです。一九三二年から一九九二年の約六〇年間にクーデタ一七回、憲法制定一六回。クーデタのたびに、臨時憲法と恒久憲法が作られています。タイ政治の場合クーデタの成否は国王の承認にかかっており、国軍のあり方の問題であると同時に、王権の問題でもあります。一つの王朝であっても王権は時代によって強かったり弱かったりします。また王のパーソナリティや能力、さらに年齢によっても変わってきます。非制度的要素がかなり強く残る仕組みです。前近代の王制は近代化の過程で共和体制になっていく例が多いですが、この国のように王制が続いていると、どこかに近代への転換点を見いだす必要も出てきます。

中国の史書には暹羅（シャム）の名前で登場し、一九世紀以来の外国との条約には Siam が使われてきました。一九三九年の立憲革命記念日に「タイ」の国号が採用され、戦後の一時期シャムに戻りますが、一九四九年以降はタイが用いられています。現ラタナコーシン（チャクリー）朝は、一七八二年から始まります。五代目のラーマ五世（チュラロンコン大王、在位一八六八―一九一〇）は、チャクリー改革と呼ばれる近代化政策を行い、絶対王制を確立しました。ラーマ五世の在位期間中、税制改革、行政制度改革、身分制度の廃止、教育制度の充実、交通網の整備等が行われました。本講と関連するのは、内務省の主導でテーサーピバーン制という近代的な地方行政制度が実現されたことです。これにより官僚貴族を国主（チャオ・ムアン）として地方国（ホワ・ムアン）に派遣する食国（キン・ムアン）制は廃されました（タイ語では「くに」をムアン［muang］と称します）。さらに、この地方国の外延には朝貢国（プラテーサラート）があり、そこには世襲の国主がいましたが、こうした状況は近代国際関係のなかでは許されないものでした。

トンチャイ・ウィニッチャックンの『地図がつくったタイ』（明石書店、二〇〇三）には、大陸部東南アジアの一九世紀の朝貢関係の状況と、それが英国やフランスの影響で変質していく過程がよく描かれています。タイ、ヴェトナム、ビルマなどの宗主国に対して、シャン諸国、ランナー（チェンマイ）、カンボジア、マレー諸国、メコン左岸（ルアンプラバン、ビエンチャン）などの小規模な国が朝貢を行っていました（宗主国と朝貢国との上下関係は固定的ではなく、朝貢国も繁栄して国の規模が拡大すれば宗主国となりました）。この朝貢関係において特徴的なことは、朝貢国が同時に二カ国、場合によっては三カ国に朝貢することが認められており、宗主国自身もそれを承認していたことです。訳書では「複合的主権」という言葉が使われていますが、この地域において、宗主国間では国境線は複数の朝貢国を意味し、これら朝貢国がそれぞれ複数の宗主国をもつ以上、国境線は共有され辺疆は重なりあっていました。同書ではフランスがこの関係を利用し、まずはカンボジアに対する宗主権をタイと共有しながら獲得し、やがて独占していくプロセスが紹介されています。タイはこのようにして近代国際法体系のなかに組み込まれていきました。こうして一八六七年にカンボジアに対する宗主権、一八九三年にラオスに対する宗主権がフランスに譲渡され、一九〇七年にはバッタンバン、シーソーポン、シエムリアップ三州がタイからフランスへ割譲されます。さらに、一九〇九年七月のイギリス・シャム協定によって、タイの治外法権の廃止と引き替えにマレーとの国境に位置したケダ、プルリス、ケランタン、トレンガヌ（第一三講図12を参照）がイギリスに譲渡され（第二次世界大戦の一時期、日本の支援のもとでタイが一時的に領有権を回復したことを除けば）、現在に至るタイの領土はほぼ画定されることになりました。一八九六年にはイギリスとフランスの間でタイに関する条約が結ばれ、タイを緩衝国とする合意が作られていきます。

内政的には一九三二年六月二四日、人民党によって立憲革命がなされます。こうして王制は絶対王制から立憲王制に変更されます。その後は、フランス留学組で立憲革命の主役だったプリーディーやピブーンなど、人民党グループが政権をリードしました。第二次世界大戦中は対日協力を行い、汪兆銘政権や満洲国を承認しましたが、戦後プリーディー摂政は日本の強要によるものであり、対英米宣戦布告は無効だと宣言し、一九四六年一二月には旧枢軸国として初めて国連への加盟を認められました。一九四六年には民主的な憲法が制定されますが、一九四七年には変法団のクーデタ、一九五七年にはサリットのクーデタが生じるなど、クーデタは実質的にはタイ政治のサイクルのなかに組み込まれていきます。一九五七年から一九七三年までは、王権の強化と開発独裁の路線が追求されましたが、同時に軍は特権集団となっていきました。この間の一九六八年恒久憲法は、選挙による議会と、任命制による内閣（政府）を分ける体制を採用し、タイ式民主主義と呼ばれました。この時期タイはヴェトナム戦争の後方最前線にあり軍部は強い発言力を持ち続けました。その後、一九七三年の「一〇月一四日政変（学生革命）」、一九七六年の「血の日曜日事件（一〇月六日事件）」をへて、一九七八年に恒久憲法が制定されます。血の日曜日事件には、ラオスでの王制廃止、カンボジアでの仏教弾圧など、インドシナの社会主義化という情勢が影響しています。また、七八年憲法体制が「半分の民主主義」と言われたのは、軍人が政治家になる道がなお残されていたためです。

一九八〇年から九一年までのプレム時代（八八年まで五次にわたって組閣）とチャートチャイ内閣では議会制が機能しました。折から第三次インドシナ戦争（カンボジア紛争）も収束に向かい、チャートチャイ首相は「戦場から市場へ」と唱い上げました。一九九一年には国家平和秩序維持団のクーデタがおこり、翌年スチンダー陸軍司令官が首相に任命されたことから、「流血の五月」と呼ばれた政変が起こりました。クーデタの背景にはカンボジア和平による軍の威信の低下とチャートチャイ政権の経済優先政策への危機感と反発がありましたが、成熟した中産階級は陸軍が上院を任命し、軍人が首相になる道を残した一九九一年憲法に反発したのでした。この一九九二年の政変の際に、現国王のラーマ九世＝プミポン国王は卓抜した調停能力を示し政治危機の解決を実現するとともに、その際に流された映像はタイ国王の超越的な地位を世界中に印象づけました。一九九二年の政変は中産階級が主役である点で、学生主体でその後に体制変更の志向まで生み出していった七三年の政変とはその性格を異にします。一九八〇年代末には、タイではもうクーデタは起こらないと言われていましたが一九九一年には発生しました。一九九七年の東南アジア経済危機に端を発する政治危機後もそう言われましたが、二〇〇六年にはまたしてもクーデタが発生してしまいました（戦後のタイ政治については、末廣昭『タイ　開発と民主主義』（岩波新書、一九九三）を参考としました）。

第一五講　インドシナ半島

今日のヴェトナム、ラオス、カンボジアをインドシナ三国と呼び、かつては仏領インドシナと呼びました。時代がかった言い方をするといわゆる「仏印」です。この地域の文化的中心地域はヴェトナムでした。人口の点でも、教育水準の点でもです。ヴェトナム最後の王朝、グエン（阮）王朝は一八〇二年に成立し、国号を越南と定めました。黎朝（一四二八—一七九二）の首都は東京（今のハノイ）でしたが、グエン朝はフエ（フランス語ではユエ、中国語では順化）を首都とします。カンボジアもラオスも朝貢国としてヴェトナムとタイに両属していました（第一四講）。グエン朝は中国に向かっては越南国王を名乗りましたが、朝貢国に対しては「大南国大皇帝」を名乗りました。江戸時代の日本が朝鮮や琉球に対したのと同じ、ミニチュアの華夷秩序意識と見ることもできます。仏領時代、ヴェトナムは南部コーチシナ、中部アンナン（安南）、北部トンキンの三つの地域に分割されます。フランスによる植民地化の過程をみると、一八六二年にコーチシナとカンボジア、一八八三—八四年にアンナンとトンキン、一八九三年にラオスへと影響力を拡大させていきます。インドシナ総督がハノイに設置された（フランス領インドシナ連邦の成立）のは一八八七年のことでした。アンナン、カンボジアとラオスのルアンプラバン王国部分が保護国であり、トンキンはアンナンの保護領、コーチシナとラオスの残りの部分が直轄植民地でした。一八八四—八五年の清仏戦争までは、中国がヴェトナムに対して宗主権をもっていたので、中国とヴェトナムの伝統的関係はこの地域を考えるときに無視できません。日本はフランス本国がドイツに占領された間隙をぬって、一九四〇年九月には援蒋ルート切断のため北部仏印に進駐し、一九四一年七月にはさらに南部仏印を占領します。終戦間近の一九四五年三月には日本の仏印処理の一環として、バオ・ダイ、シアヌーク、四月にはシー・サワン・ウォン（ルアンプラバン王）などが独立を宣言しますが、フランスの復帰によって実現しませんでした。フランスには、インドシナを放棄する気などまったくなかったのです。

一九四五年九月二日には有名なホーチミンのヴェトナム民主共和国宣言が出されますが、その実効支配領域は極めて限られた範囲にとどまっていました。ホーチミンは交渉による独立達成に期待を寄せますが、交渉は決裂に終わり、一九四六年一二月第一次インドシナ戦争（ヴェトナムにとっては独立戦争）が開始されます。フランスは植民地の死守という何の名目もない汚い戦争を、せめてヴェトナム人同士のものに粉飾するために、一九四九年六月、サイゴンにグエン王朝最後の皇帝バオ・ダイによる政権を擁立します。この戦争の行方を決めたのは同年一〇月の中華人民共和国成立でした。中国はヴェトナム国境の中国側でベトミンの軍事訓練を行い、解放勢力の軍事的優位が定着していきます。また、一九五〇年一月、ヴェトナム民主共和国を最初に外交承認したのも中国で、ソ連・東欧諸国もこれに続きます。同じ頃フランス議会はインドシナ関係三協定を承認しますが、これによってインドシナ三国は国際法上の主体となります。ラオスは一九五三年一〇月、カンボジアは同一一月、完全独立を達成しました。一九五四年五月にはジュネーブでインドシナ問題に関する協議が始まり、七月二一日、ジュネーブ協定が調印されます。ヴェトナムについては、(1)一七度線での分割（ベトミンは一三度線を、仏は一八度線を主張）、(2)フランス軍の三〇〇日後までの撤退（ベトミンは三カ月、仏は三〇〇日を主張）、(3)二年後の総選挙（ベトミンは停戦後六カ月、仏は明記を避ける）などが取り決められますが、米国とバオ・ダイ政権は最終宣言に参加しませんでした。図13にもあるとおり、実際には北緯一三度線近くまで南下していたベトミン側は、中国やソ連の圧力で一七度線での妥協を迫られました。このことは特に中越関係に重いしこりを残しました（白石昌也「第一次インドシナ戦争とジュネーブ会議」『東アジアと冷戦』三嶺書房、一九九四）。

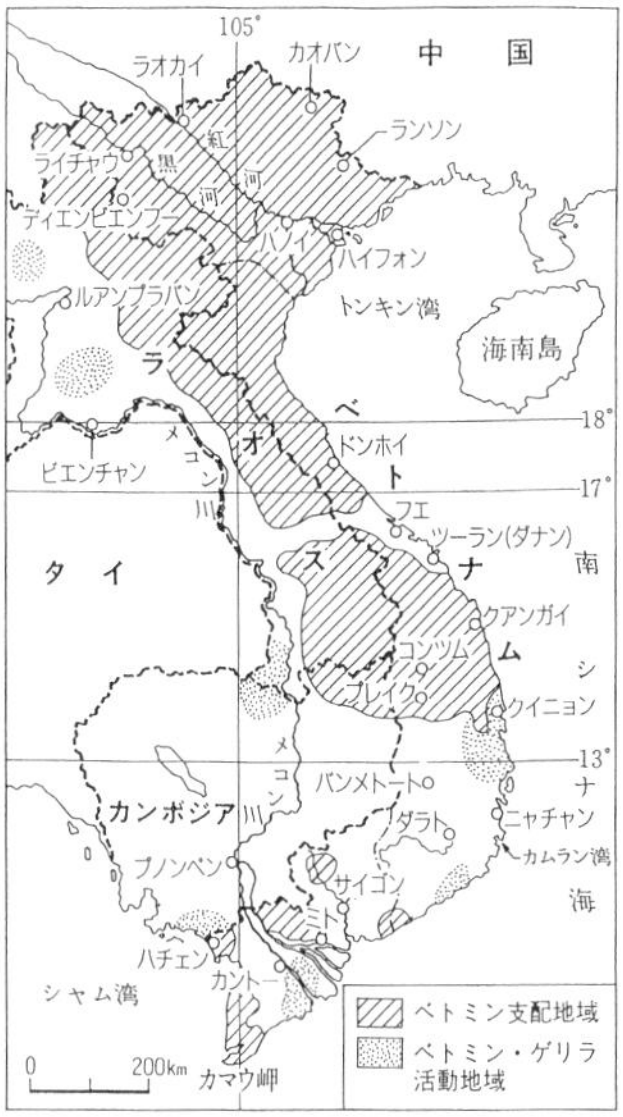

図13　勝利目前のベトミン
出典：松岡完『ベトナム戦争』中公新書, 2001, p. 128

米国は一九六二年サイゴンに援助軍司令部を設置しますが、大規模な軍事介入を始めるのは一九六四年八月のトンキン湾事件以後のことです（この事件は後に捏造だったことが判明します）。この戦争は米国を出口のない泥沼に引きずり込んでいきました。そして一九六九年一月になると、ヴェトナムからの名誉ある撤退を公約して当選したニクソンが大統領に就任します。一九六八年五月にはすでにパリで米国と北ヴェトナムとの間で和平交渉が開始されていましたが、この交渉の妥当性については中越間で意見の相違がありました。一九六九年一月にはパリで四者会談が始まります。一九七二年になるとニクソンは在ヴェトナムの兵力を減らす一方、交渉を有利に進め戦争を終結させるためにかえって爆撃の規模を拡大させます。それは、歴史的なニクソン訪中の後のことですから、ヴェトナムにとっては、中国の対米関係改善がいっそう裏切りに見えたことは言うまでもないでしょう。一九七三年一月にはパリ和平協定が調印され、三月には南ヴェトナム駐留米軍が撤退を完了します。最終的には一九七五年四月、解放勢力の総攻撃によって、サイゴンは制圧され、ヴェトナムは事実上統一されることになりました。軍事力による解放はパリ和平協定を否定しかねないもので、対米関係に配慮するソ連も中国も、反対したとされています。ヴェトナム戦争の解放勢力には、北ヴェトナム（ヴェトナム民主共和国）と南ヴェトナム臨時革命政府の二つがありましたが、解放後は臨時革命政府勢力は表舞台から姿を消していきました。

ヴェトナムは正式には、一九七六年六月、ヴェトナム社会主義共和国として統一されます。この後、一九七九年二月には中越戦争が起こることになりますが、この戦争に先立って、ヴェトナムはソ連と友好協力条約を締結しました。中国は対ヴェトナムの軍事行動を、一九七九年一月のヴェトナム軍のカンボジア（当時はポル・ポト政権）侵攻への懲罰であると説明しましたので、その背後に中ソ関係悪化の影を見ることができます。実際、一九七九年一月から九一年一〇月まで約一三年も続いた第三次インドシナ戦争（カンボジア紛争）はプノンペン政権と民主カンボジア連合政府との内戦である一方、ソ連・ヴェトナムと中国・西側の対立であったとも言えるものです。

第一六講　香港・マカオ

植民地香港は三つの地域から成り立っていました（図14）。それぞれの地域に、次の三つの不平等条約が関係しています。(1)一八四二年の南京条約：アヘン戦争講和条約、香港割譲。(2)一八六〇年の北京条約：アロー戦争講和条約、九龍半島割譲。(3)一八九八年の香港地域拡張に関する条約（第二次北京条約）：一八九八年七月一日より新界を九九年間租借開始。このうち香港島と九龍半島に関する条約は「割譲」としており、新界に関する条約は「租借」としています。英国はこの三つの条約がすべて有効であるとの考えでした。そこで、新界に関する条約が九九年をへて満期となる一九九七年六月三〇日を念頭において、租借の延長交渉を求めます。他方、中国はこの三つの条約はすべて不平等条約であり無効との立場でした。したがって中国にとって香港問題とは、香港の三つの地域すべてに対する主権行使の回復を意味しました。中国は新界租借期限の一九九七年六月三〇日を時間的な節目とす

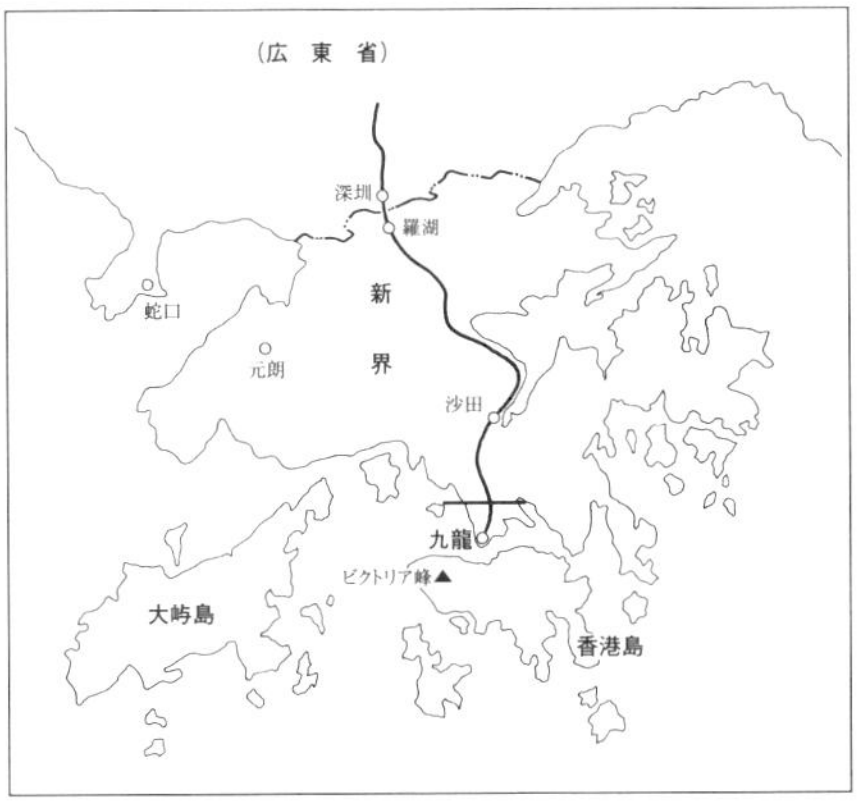

図14　香港全図
出典：中野謙二著『2001年の香港』研文出版，1985，扉より筆者作成

ることに同意しましたが、それは条約の有効性を認めるものではないと主張しました。香港返還に関する中英交渉は、一九八二年九月から一九八四年九月まで二年間にわたって行われ、この交渉で英国は、最終的に中国に押し切られます。新界は全香港の面積の九〇％以上を占めており、貯水池、発電所、飛行場、コンテナ港等、ライフライン・交通の動脈はすべて新界地域にあったからです。香港では食料も水も新界経由で中国から供給されるものだったのです。香港島・九龍半島の返還に英国が応じないとすれば、中国はこの動脈を断ち切ることができました。繁栄する香港の命は中国の手の中にあったと言うことができるでしょう。こうして英国は結局、全香港の返還に同意します。成功裡の香港返還は、経済発展を支えるという意味でも、屈辱の時代への決別という意味でも、さらに国際社会に対する威信の確保という面でも、中国にとって必ず実現しなければならない悲願でした。

植民地マカオ［澳門］の歴史は、一五五七年にポルトガル人のマカオ居住が中国当局によって認められたことに始まります。一八八七年には、和好通商条約でポルトガルにマカオの永住権と統治権が認められます。一九二七年に中国政府はこの条約を破棄し、翌年には友好通商条約に調印します。けれどもこの条約は永住権、統治権については言及しておらず、マカオについては、事実上無条約状態となってしまいます。一九六六年一二月のマカオ暴動の際の返還提案にみられるように、ポルトガルにとって植民地マカオは負担になりつつありました。その後クーデタで成立したポルトガルの新政権は一九七四—七五年にかけて、再度マカオ返還を申し出たとされますが、管理の自信のない中国はポルトガル統治の延長を希望したと言われます。中国にとってマカオは重要問題ではありませんでした。中国はマカオ統治の失敗が香港返還に影響することを恐れたのです。一九七六年になると、ポルトガル新憲法はマカオを海外州から特殊地区に変えました。一九七九年二月の国交樹立後の記者会見でも、ポルトガル首相は「マカオは中国の主権下でポルトガルが統治している」と述べています。英国が香港返還に最後まで抵抗したのと違い、ポルトガルの姿勢は終始友好的だったのです。

一九八四年九月二六日、香港返還に関する「中英共同声明」が仮調印（本調印一二月一九日）され、一九八七年四月一三日に、マカオに関する「中葡共同声明」が調印され、それぞれ、一九九七年、一九九九年の返還スケジュールが決定されました。ここでこの二つの共同声明を比べてみます。

『中華人民共和国政府とグレートブリテン・北アイルランド連合王国政府の香港問題に関する共同声明』

「一、中華人民共和国政府は、香港地区の祖国への復帰が全中国人民の共通の願いであり、中華人民共和国政府が一九九七年七月一日から香港に対し主権行使を回復することを決定したことを声明する。

二、連合王国政府は、連合王国政府が一九九七年七月一日に、香港を中華人民共和国に返還することを声明する」

『中華人民共和国政府とポルトガル共和国政府のマカオ問題に関する共同声明』

「一、中華人民共和国政府とポルトガル共和国政府は、マカオ地区が中国の領土であり、中華人民共和国政府が一九九九年一二月二〇日からマカオに対し主権行使を回復することを声明する」

後者の「中葡共同声明」の第一項目は中国とポルトガルが同時に主語となっており、共同声明とは本来こうあるべきはずです。ところが、「中英共同声明」では第一項目と第二項目は内容的には同じことなのに、主語が異なっています。つまり、双方の意見の不一致が見てとれます。要点は「主権行使の回復」なのか「返還」なのかということです。中国を主語とした第一項目は不平等条約の無効を前提にし、植民地化という事実そのものを否定しているのに対し、第二項目は条約が有効で一度は香港が英国の植民地だったという前提に立っています。

香港とマカオの違いは多様ですが、その要点は以下のとおりです。⑴返還の前日まで自らの主権を強調しさえした大英帝国と違い、ポルトガルは早くからマカオの返還を提案し、中国の主権を承認していました。つまり、ポルトガルは中国に対して協力的で、英国のように民主派の暗黙の守護者になる意志も関心も持ち合わせてはいませんでした。パッテンのような総督もマカオには現れるべくもありませんでした。経済的にも、香港には多くの英国資本があったのに対し、マカオ経済は中国の強力な影響下にありました。⑵香港にとって英国が文化的な磁場となったのに対し、マカオにおけるポルトガルはそうではありませんでした。住民にポルトガル語を学ぶ積極的な動機がなかったこともありますが、英国が香港で英語教育を推進したような政策をポルトガルはそもそも採りませんでした。ポルトガル人支配層とポルトガルは、マカオにとって別世界であり続けたのです。(3)香港の中国社会が、香港アイデンティティーを造りだしたのに対し、マカオはそうではありませんでした。一九八〇年代の経済成長で、マカオでも中産階級は急速に拡大しましたが、マカオ・アイデンティティーを造りあげるほどに強力ではありませんでした。その結果、マカオの大多数の中国人は、マカオを通り越して、祖国にアイデンティティーを向けたのです。(4)マカニーズ(マカオ生まれの中国系ポルトガル人)のアンビバレンツな存在が、結果的に、中国人中産階級によるマカオ・アイデンティティーの形成を妨げたとも言えます。ポルトガル語教育を受け、同時に広東語の会話力をもつ彼らは、植民地政府の中級公務員層を形成し、植民地統治には不可欠な存在でしたが、同時に、彼らの存在ゆえに、中国人の中産階級は政府のピラミッドに接近するチャンスを制限されていました。このことはいっそう、ポルトガルがマカオにおいて中国人社会に足場を築き、文化的磁場となることを阻害しました。ある意味では、マカニーズこそ、最も強烈なマカオ・アイデンティティーの担い手になりえたかも知れませんが、マカオ文化の核を形成するにはポルトガルに近すぎまた脆弱でした。これに対して、香港では、中国人中産階級に政府のピラミッドに参入する機会が充分に与えられ、さらに中産階級を超えて広大な香港文化の裾野が広がっていました。

比較は社会科学の重要な方法ですが、比較による簡単な相対化さえ怠って、マカオをミニ香港だと高を括るとこうした差異を見落とすことになります。香港からマカオを類推するのは、中国から日本を、インドからネパールを類推するのと同じで(当たっていることもないではありませんが)大きな限界があります。もちろん、この鉄則は小から大を見る場合にも当てはまると思います。

むすびにかえて

本書は新潟大学法学部で、二〇〇〇年度に特殊講義「政治学と地域研究」として開講し、〇一年以降は「政治社会学」として計八回講じられてきた講義をもとに執筆したものです。同講義の、そして本書の目的は、その重要性が繰り返し声高に語られながら、結局は十分な関心の払われないアジア地域について、多少は知的意欲を刺激する網羅的な案内図を、できるだけ体系的に示してみることにありました。中国周縁に位置する諸地域の、前近代から近代をへて現代に至る変貌を本書では描いてみました。本書で示した分類は、もともとの地域間の差異、諸地域が近代という波のなかで政治的に統合される過程と原理の違い、それらが今日に及ぼす影響などを、より踏み込んで考察して頂く手がかりになったでしょうか。なんらかの知的発見の役に立てたのならよいのですが。本書を書き始めてみると、字数制限の厚い壁が何度も立ちはだかりました。聡明な読者には、隠喩的なまま残さざるをえなかった表現の含意を読み取って頂ければ幸いに思います。本書は基本的には講義プリントと講義のためのメモ書きをもとに書き下ろしましたが、本文中に挙げたもの以外にも多くの著書や論文に依拠しています。それらを参考文献として網羅すれば、相当の分量になるため文献一覧の掲載は断念せざるをえませんでした。ここにお断りするとともに、著作を通じてご教示を頂いた皆様のご海容を仰ぐ次第です。最後に、本書のもととなった講義を聴講された学生諸君(特に、熟さない内容だった最初の講義を静聴された皆さん)に、この場を借りて心から感謝致します。

■著者紹介

真水　康樹（ますい・やすき）

1959年東京生まれ

中央大学法学部卒業

北京大学歴史学部大学院博士課程修了（1995年）　歴史学博士

現在　新潟大学法学部教授　北京大学国際関係学院客員教授

　　　北京大学東北アジア研究所客員研究員

専攻　中国政治　中国史

主要業績　単著『明清地方行政制度研究』（北京燕山出版社、1997年）

　　　　　共著『政治と行政のポイエーシス』（未来社、1996年）

　　　　　　『中国的発展与21世紀的国際格局』（中国社会科学出版社、1998年）

　　　　　共訳　A．コーン『競争社会をこえて』（法政大学出版局、1994年）

　　　　　　趙全勝『中国外交政策の研究』（法政大学出版局、2007年）

ブックレット新潟大学48　中国周縁《ちゅうごくしゅうえん》の国際環境《こくさいかんきょう》

2007年 8 月15日　初版第 1 刷発行

編　者——新潟大学大学院現代社会文化研究科
　　　　　ブックレット新潟大学編集委員会

著　者——真水　康樹

発行者——徳永　健一

発行所——新潟日報事業社

〒951-8131　新潟市中央区白山浦2-645-54

TEL　025-233-2100　　FAX　025-230-1833

http://www.nnj-net.co.jp

印刷・製本——新高速印刷㈱

　ISBN4-86132-229-7 C1331

「ブックレット新潟大学」刊行にあたって

新潟大学大学院現代社会文化研究科が「ブックレット新潟大学」の刊行を開始したのは、二〇〇二年のことでした。二一世紀に入って、まだ間もないときでした。誰しも、新しい世紀の行方にさまざまな期待や不安を感じていたことは事実でしょう。二〇世紀は、科学技術がめざましい発展を遂げた世紀だといわれています。われわれもその恩恵にあずかって、今日に至っています。同時に、最先端の科学や技術が戦争の道具となり、人類が築いてきたものを、瞬時に破壊する手段となりうる危険を味わったのも二〇世紀でした。

今世紀に、多様性を越えて相互に共生できる社会を、われわれは実現できるでしょうか。「共生」という言葉には、新鮮な響きがありました。時代を超えたメッセージが込められていたからです。普通に使われる言葉のひとつになりましたが、現実の世界を見渡せば、「共生」はまだ絵に描いた餅にすぎません。また、「グローバリゼーション」という響きのよい言葉も、日常的に使われるようになりました。現実はどうでしょうか。

かつて地上には、現代の「グローバリゼーション」に近似した世界が存在していました。ヘレニズム社会です。英語のように、ギリシア語が世界共通語として機能した時代です。ローマ世界もその遺産を受け継ぎました。人々が、世界スタンダードといえる基準に沿って生きることを、至上のことと考えた時代です。その流れに棹を差すかのように、アイデンティティの危機を感じ、伝統的な、固有の文化を維持すべきだとする原理主義が台頭したのも、この時代でした。このような時代であったからこそ、相互のバランスを求めるかのように、秩序や統治の原理、普遍的な法文化、魅力ある哲学や思想、宗教が生まれたのです。

グローバリゼーションが二一世紀の潮流だとしても、原理主義という過激な渦が発生しないという保証はありません。われわれに与えられた課題は、共生するシステムを構築するという責務です。新しい学問的成果が生まれる環境はそろっています。重い責務でありながらも、光明をもたらすような営みを続けたいと願う次第です。

二〇〇五年五月

新潟大学大学院現代社会文化研究科
研究科長　鈴　木　佳　秀